バパ・バリ 三浦襄

BAPA BALI Miura Jo

バリ島を訪れる
日本人のための物語

長洋弘 著

社会評論社

▲三浦襄の日記（1943 年）より

ババ・バリ　三浦襄

目次

バリ島全図
BALI ISLAND

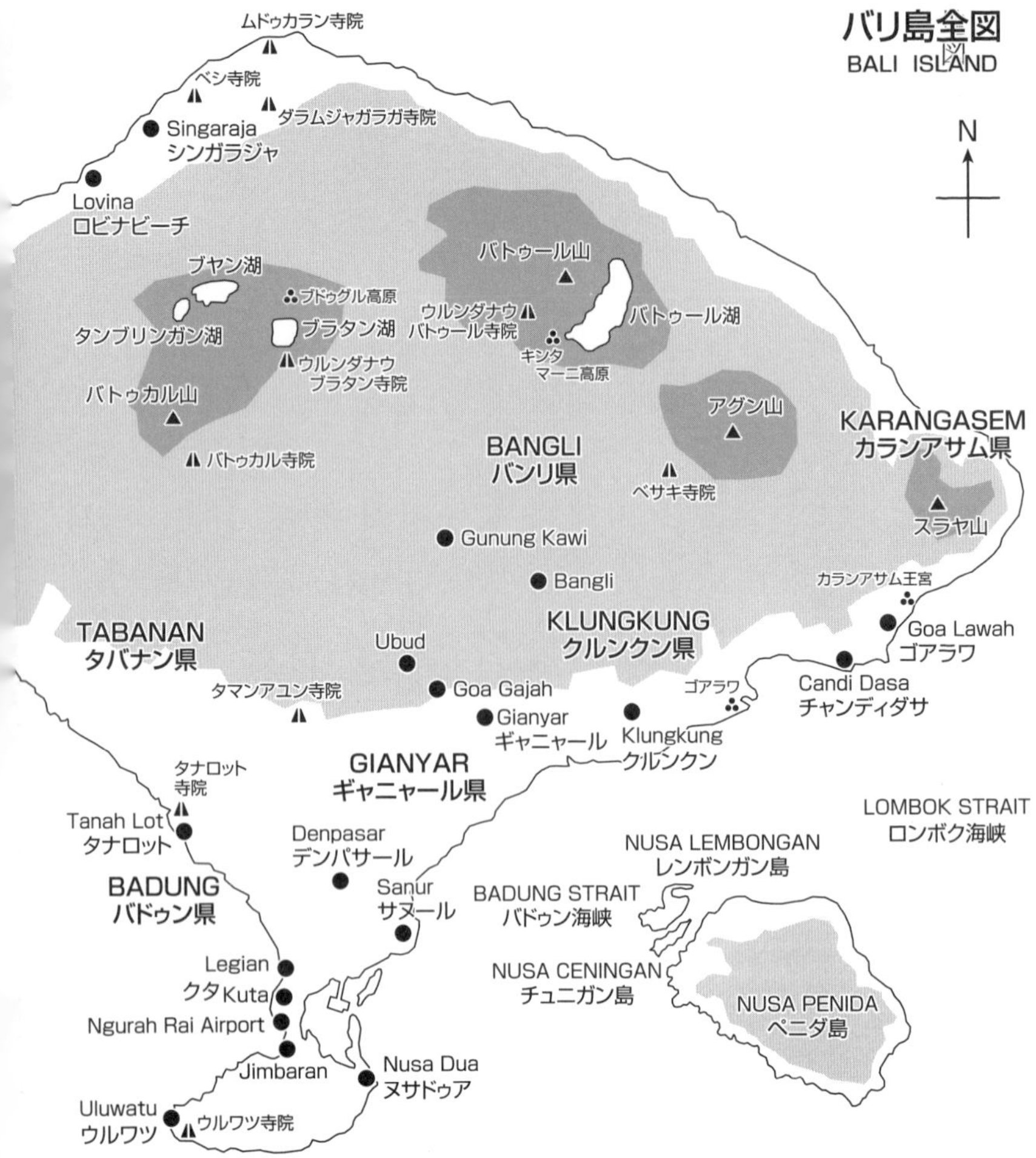

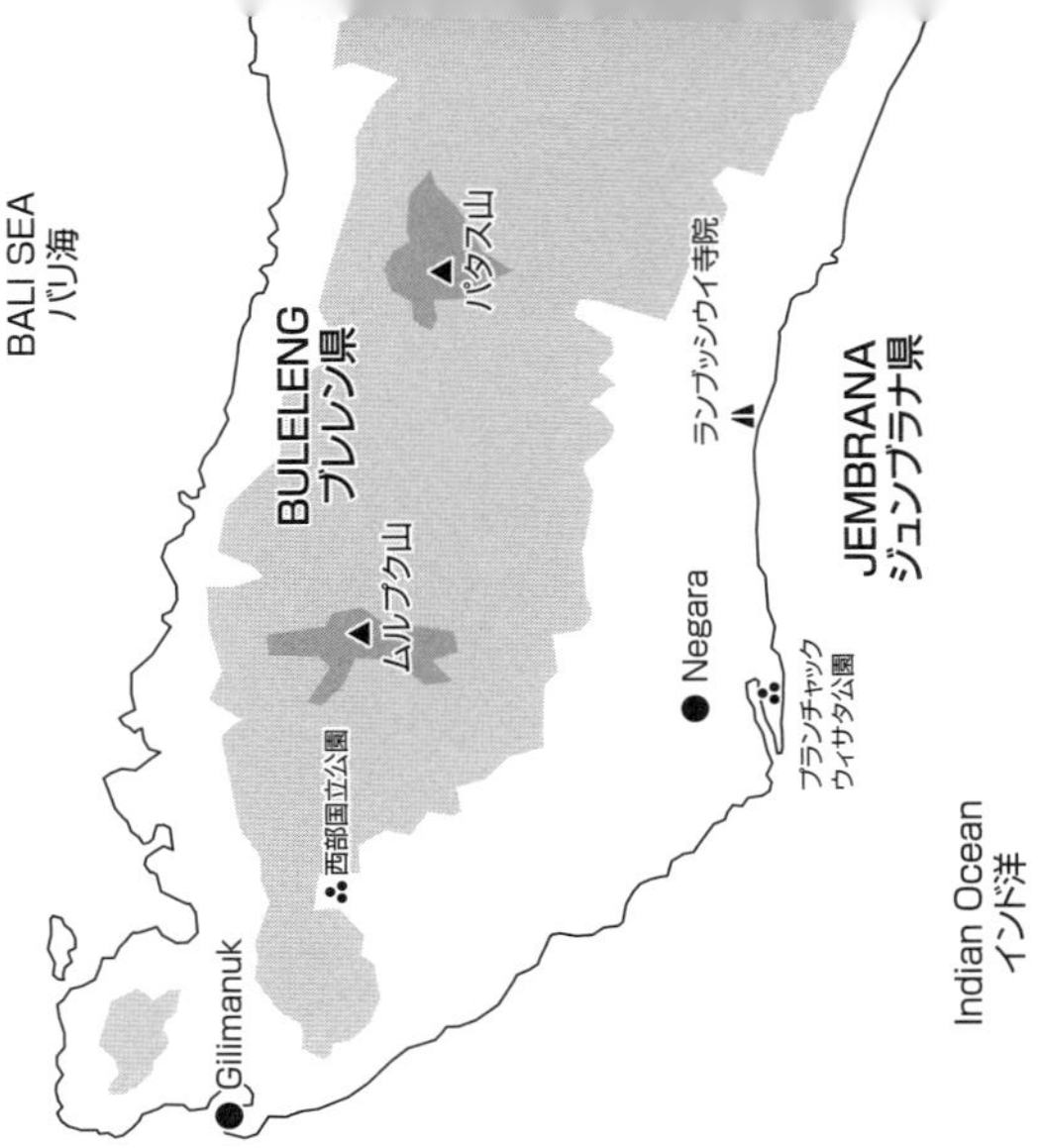

Bali, known as the island of gods or arts, has a variety of unique festivals throughout the year and also is known as one of the popular resort islands in the world. These early images emerged from the book Island of Bali written by the Mexican painter, Miguel Covarrubias in 1937. The first folk book written in English became the best seller in the U.S. And some of the illustrations were introduced in a Life magazine issued in the same year, which also sparked the Bali boom. For many years, Bali has attracted many tourists from all over the world. Lately international conferences are held in Bali. Also, many celebrities such as Charles Chaplin have visited the island.

日本軍輸送船・笹子丸の甲板上に海を見つめる白髪まじりの男がいた。若い兵士に混じる光景は異様に映った。三浦襄、この物語の主人公である。

神に仕え、バリ島のために殉じた三浦襄の肖像（1941年頃）

序章

船上の翁

船上の翁　*1942.2.*

如月《きさらぎ》とは衣更着とも書く陰暦の二月だが、シベリアから吹く冷たい風は桜の開花を遅らせ日本列島を吹き抜けていた。まだ春遠い日本を離れ、東シナ海を南下する輸送船笹子丸と相模丸は、左右前後を第八駆逐艦隊の大潮、朝潮、満潮、荒潮と船団を組み、上空は常時一〇機の戦闘機で護られていた。船団の行き先は蘭領東印度（オランダ植民地下のインドネシア）の一画であるバリ島サヌール海岸、敵前上陸のためである。

笹子丸は白い航跡を残し威風堂々と海上を走り、その甲板上には多くの将兵が出ていた。長い航海での虫干しのようなものであろう。海を見つめる者、自身の運命を危惧する者など、甲板上の兵隊の思いはまちまちだった。

「われわれの部隊は、バリ島という島に上陸するそうだ」

「バリ島?」

「そうだ、何でもそれはハワイに近いらしい」

南洋の地理がわからぬ兵たちは、いいたい放題である。上官の目が届かなければ兵士とはこんなものである。

「去年一二月八日に攻撃し大勝利したのが（真珠湾攻撃のこと）ハワイ、あれは太平洋上で方向がまるでちがうぞ、この船は南下しているからボルネオかジャワの方に向かっているはずだ」

「ボルネオじゃ人喰い大蛇がいるじゃねいか」

「俺は学がねえからわかんねいけんど、小っちぇ島だそうだ」

「じゃ、バリ島はどこだ」

「知らねいよ」

「たしかに船が進むほどにあったかくなってきたな」

「そんなことはあたりめえだで、俺らの軍服は夏物でねえか」

軍作戦が一兵士に告げられることはなく、全ては彼らの憶測であった。

「それにしても輸送船二隻のために海軍がこれだけの護衛船団を組むのもすげいもんだな。それだけこの作戦が重要というわけだ」

「そうだ、今までの上陸作戦で船団よりも多い軍艦が護衛したことはねえそうだ。しかしつかの間の平和も今日まで、あとは戦《いくさ》いがまっているってわけだ」

「じゃー、俺は戦死か、国じゃ、かかあと鼻垂れ小僧と年寄りがまっているというのによ」

「お国のためじゃ、しかたあんめい、出けい声出すな、聞こえるぞ」

「褌《ふんどし》をしめなおせ、何しろ殺られねえよう用心するこっちゃ」

「わしら一兵卒は捨石だでな」

「まー、そういうこっちゃ、早いうちに母ちゃんに遺書でも書いておけ」

「おい、あの爺さんはいったい誰だ」

若い兵に混じり、白い海軍服を身に付けた老紳士が水平線を見つめていた。痩身で顎には白いものが交じり、どう見ても彼の姿はこの場にそぐわなかった。

「何の用があってこの船に乗っているんだ」

「慰安所の爺さんじゃねいべか」

たしかに、敵前上陸作戦に向かう笹子丸には似つかわしくないのである。


兵隊たちの男に対する見方が変わったのは、船団がマカッサルを過ぎバリ島が近づいたときだった。それまでの老人とはうってかわり、忙しそうに甲板上を歩き、頻繁に将校室に出入りしていたからである。

彼の名は三浦襄《じょう》。戦前より「ババ・バリ」と島民に親しみをこめよばれ、日本の敗戦後インドネシア独立の礎石となるため自決した男である。ババとはインドネシア語で父の意であり、バリの父とよばれ島民に信頼されていた。彼の身分は海軍軍属奏任官、陸軍の階級に照らすと大尉待遇、年給は千八百円である。

戦争を知らない世代には軍属と言ってもわかりづらいと思うが、軍属は軍に所属する文官、文官待遇者などのことで、非日本軍人でありながら軍務に服する者をいうのである。その種は多く、商人、技士、教師、看護婦、書記、タイピスト、農林漁業工業薬学船舶石油などの専門家、通訳などがおり、時には芸者もその種に入っていた。

※

私が三浦裏（以下、ミウラ）にはじめて「会った」のは、一九八二年、バリ島デンパサール市内の深い緑に包まれた墓地であった。ガジュマルの木根が覆いかぶさるように墓を守り、墓の前部の石版には「MIURA　MENINGAL　七．九．二六〇五」と書かれてあった。日本語にすれば、ミウラが二六〇五年九月七日に死んだとなるが、これが難しい。二六〇五年とは皇紀のことであり、西暦にすると一九四五年九月七日、つまり日本の敗戦後、二三日目のことである。

なぜミウラは敗戦後、日本に妻子を残しながら自決したのか、私は彼の生き様を知ったとき背筋に悪寒が走るような感動を覚えた。その感動の連鎖は一度や二度ではなく墓参するたびに起こったのである。

一九七五（昭和五〇）年頃までバリ島の人々は戦中のミウラの行為に対して感謝し、墓参を欠かさなかったが、関係者が亡くなった今は墓参する人もまばらで、ましてや日本人は希《まれ》である。残念だがここにも戦争の記憶の風化が存在する。

私がミウラを書こうと思ったのは、山本五十六でも東条英機でもない、歴史の襞《ひだ》に埋もれた偉大なる日本人の生き様を、より多くの人々に知らせたいと思ったからである。

バリ島デンパサールにある三浦裏の墓（1982年頃）

ミウラのことを私がはじめて書いたのは、一九九九年に出版された拙著『ミエさんの戦争』の中の一部で、その後も雑誌などに散発的に書いたが、なかなか長編として書くには敷居が高く至らなかった。それはミウラ自身が持つ崇高なオーラのようなもので、ミウラの偉大さは知れば知るほど、私の前に高く立ちはだかったのである。

なぜ私はそれほどまでにミウラに魅かれるのだろうか。それを解き明かすのも、この本の使命である。

ミウラは牧師の家に生まれたクリスチャンであるが、バリ島でミウラと行動をともにした多くの軍人、軍属、邦人は、彼がキリスト者であることには気づかなかった。しかし彼の愛に満ちた日々はキリスト者そのものであり、個人の歩んだ精神の高潔さは、彼を知るほどに圧倒される。口に出さなくとも身に付いた宗教は、本物の宗教であり、キリスト者にとって重要な概念である。イエスがいて、神の子として、人間のように生活する、これをキリスト教では受肉《じゅにく》というが、ミウラの人生はまさに神の意志が体言されていたといえるのである。

終戦の年、ミウラと約一ヶ月ともに生活をした民政部司政官の小玉明は、ミウラのことを二つの短歌に残している。

かくまでに　深きと知りぬ　離れきて　われを思える　君が情を

君が深き　心を知るは　我のみぞ　別れの笑みの　何ぞ切なき

二〇一〇年一〇月、私は日本軍が上陸したサヌール海岸に再び立った。日本の戦後賠償（敗戦国が戦争で生じた賠償をすること）で建築したバリビーチ・ホテルから東に少し行った、アリッツ・ビーチバンガローを私は常宿にしているが、そこからおだやかなバリ海を見ながら、六八年前に日本軍船団が沖合三キロほどのところに錨《いかり》を下ろした光景を思い描いた。平和なリゾート地にはあまりにも似つかぬ光景である。海岸を見ると多くの人々が集まっている。海岸で子守をする七七歳になるラドさんに何をしているのかと訊くと、死者のための散骨船が出るのだという。日本軍を見たことがあるかと訊くと、彼は霊峰アグン山を正面に見て左右に大きな船が停泊し周囲に多くの軍艦が浮かんでいたといった。さらにバパ・ミウラのことを訊ねると、「バパ・ミウラは死んだが、墓がデンパサールにあるので行くといい」といった。当時九歳だったラドさんは戦中のことを鮮明に覚えていたのである。

サヌール海岸に立った翌日、私はミウラ終焉の地を訪れて驚いた。前年夏に訪れた時にあった、ミウラが住んでいた家が、解体され更地になっていたからである。思わず私は「どうした、何があった」とさけんだ。赤く錆びたトタン板の塀の隙間から見るとミウラが自決した場所にあるヒンズー教の祠だけがさみしげに残っていた。そのたたずまいから以前の家屋の位置を想像することはできた。さらに門扉のあった周辺に移動すると「スダ・ジュアル」（販売済）とインドネシア語で書かれた看板があった。おそらく跡地にはビルでもできるのであろうが、私はすごく落胆した。

翌日バリの鈴木総領事を案内してこの跡地を再度訪れた。総領事は何度も「ここがミウラ最期の地だったのですね、ミウラの家だったのですね」とため息交じりにいった。鈴木総領事は三年前に赴任以来、ミウラにことのほか関心を寄せていたのである。

日本軍が上陸したバリ島サヌール海岸。霊峰アグン山が後方に見える。

三浦の住んでいた家。解体され塀だけが残っていた。

翌日私は総領事から電話をいただいた。

「デンパサール市長にミウラの話をしたところ、市長は、ぜひこのような日本人がいたことをバリの人々に知ってもらい、インドネシアと日本両国の架け橋としたいといっていた」といった。

長い間ミウラを追いながらも行き詰っていた私にとって、この一言は追い風となり、一日でも早くミウラの生涯を完成させなければならないと思った。

次章からいよいよミウラがバリ島に日本軍とともに上陸をするが、その前にバリ島について説明をしておきたい。

日本から年間約三〇万人の観光客が訪れる常夏の島バリ島へ行くには、成田国際空港午前一一時発の直行便ガルーダ・インドネシア航空に乗ると約七時間のフライトでバリ上空に到達する。私はこの便に乗ると必ず左窓際席を予約する。なぜならバリ島上空に達したとき眼下に霊峰アグン山の屹立する素晴らしい光景を見ることができるからである。富士山に似たアグン山、目にしたとたん一瞬息をのむ。この瞬間、乗客の多くは左窓際をとらなかったことを後悔する。

アグン山は標高三、一四二メートルのバリ島の最高峰であり、現在も煙をたなびかせる聖なる山である。アグンとはバリ語で「偉大な」という意味があり、人々の生活と密着している。例えば、バリ人の屋敷内にはアグン山の方に家の杜が設けられ、就寝時は頭をアグン山の方角に向けるといった具合である。

燦々とふりそそぐ太陽の下でのマリンスポーツや神秘的な異国情緒は、とりわけ日本女性から人気が高く、日々行われる神々の祭りやバリ絵などはその象徴である。

バリ島が「神々の島、芸術の島」のイメージで語られるようになったのは、一九三七（昭和一二）年にメキシコ人イラストレーター・コバルビアスが書いた『バリ島』である。英語で書かれた世界ではじめての民族誌は、アメリカでベストセラーとなり、同年刊行された「ライフ」が、コバルビアスのイラストを紹介したことも、バリ島ブームに火を点けたといえる。

参考のためにその一節を紹介したい。

（次ページ）神々やバリ島の祭事をテーマにしたバリ絵、バリ島は絵に限らず芸術性の高いものが多い。

「人々の美しさ、密度の濃い宗教生活、それに色とりどりの美術や音楽や芝居で有名になったバリという小さな島は今なお、またと見られない驚くべき国々のひとつであり、いわゆる未開の国々のひとつである。バリ人が未開人などではまったくないことは明白であるにもかかわらず、この言葉を使うのは、日々の暮らしと社会と芸術と宗教とが一体化していて、構成要素に分解しようとしたら崩壊してしまうような土着文化、言いかえれば霊的価値が暮らし方を規定するような文化と、われわれのような物質文化と区別するものである」

コバルビアス『バリ島』より

私がはじめてバリ島に訪れたころは、風にのりどこからともなくガムラン音楽の音色が静かに流れ、ケチャダンスの響きが山野にこだまする、そんな静謐な島であった。また色とりどりの神への供物を頭上に載せた女性に会うと胸がはちきれんばかりの感動を覚えた。バリ・ヒンズー教独特の文化は、今でもオダラン（寺院創立の記念日に神が天から降臨する日の祭り）に代表されるように息づいている。

世界で植民地支配批判の高まった一九三一（昭和六）年に国際植民地博覧会がフランスのパリで開催され、バリ舞踏団も参加しバリ文化を紹介している。このとき蘭領東印度下では民族意識が高まり、スカルノを中心として民族自決の動きがあり、これが後の独立戦争につながって行くことも付け加えたい。

オダランで供物を頭上に載せ寺院に向かう娘たち（1930年頃）

ミウラが愛したバリ文化。寺院の祭り（1933年頃）

ミウラが愛したバリ・ダンスを踊る娘たち（1933年頃）

みちびく バリ島

PURA PUSEH
PURA DESA

ミウラさん、ここが戦場なのでしょうか。どこで戦《いくさ》をやっているというのでしょう。あまりに平和です。（第1章より）

写真　長洋弘

昭和一六年一二月八日未明、日本海軍が真珠湾を攻撃した。年が明けた二月、ミウラは海軍軍属奏任官としてバリ島攻略作戦の道案内人としてバリ島に向かった。「今夜は愈々待望のバリ攻略の日なり、なんとなく緊張するを覚ゆ」（三浦襄の日記から） バリ島で旧知の人々と会い、彼の苦難の数年がはじまる。

稗方豊彦　加藤軍医　三浦襄

プジャ　河合副官　金村隊長

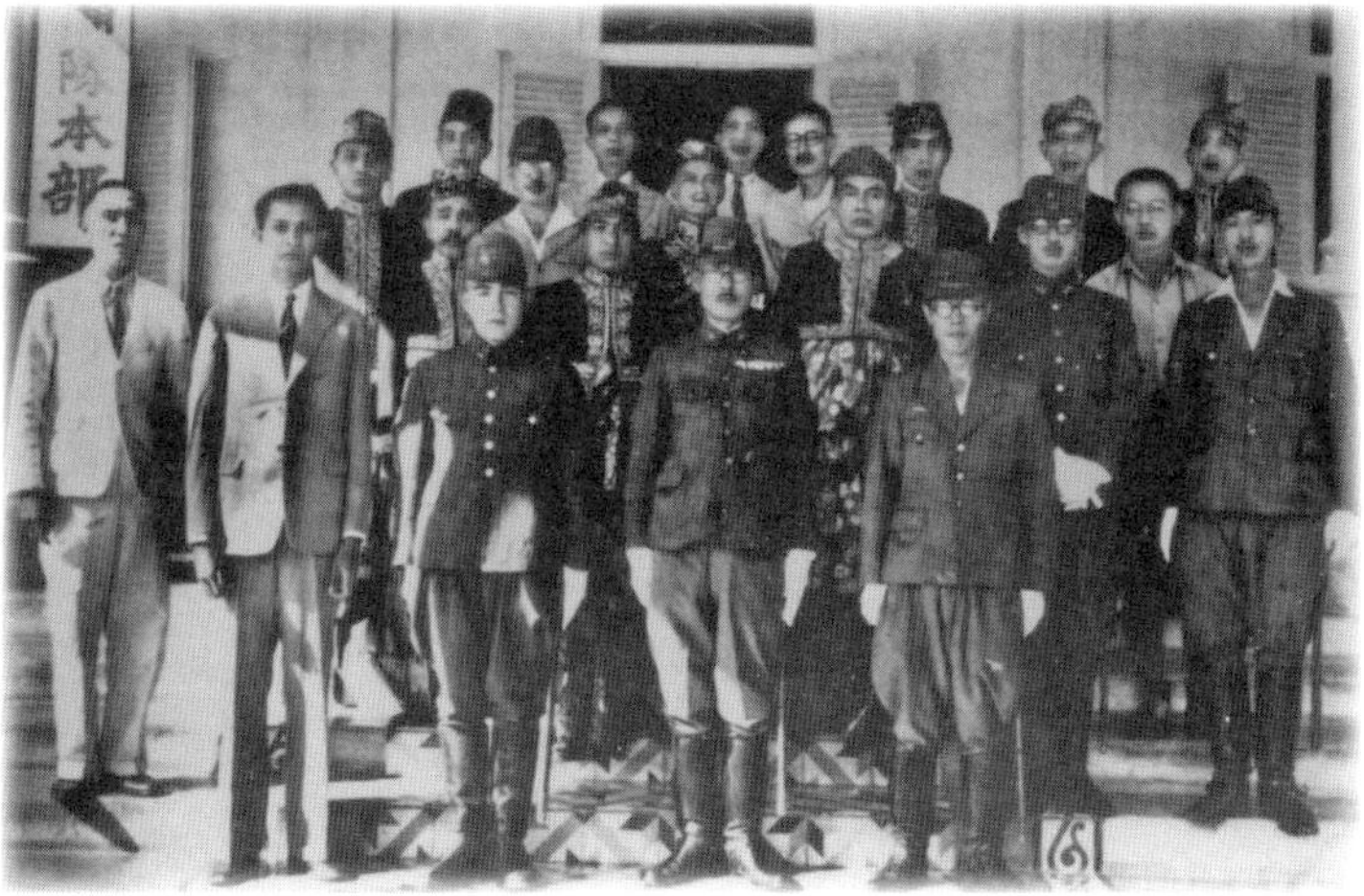

バリ島シンガラジャの警備隊本部にて（1942年3月10日）。前列左から、ミウラの片腕となったプジャ、河合副官、金村隊長、ミウラを心から信頼した稗方海軍主計中尉、稗方の右後、加藤軍医、後列中央にミウラが見え、各州のラジャなどが写っている。

第1章 バリ島上陸作戦

日本軍への徴用　*1942.1.26.*

「シュッパツジュンビトトノヘ　二八日シュットーセラレタシ、ヘン、トナキチューサ」

一九四二（昭和一七）一月二五日、三浦襄（ミウラ）に届いた東京軍令部から徴用電報である。

一月二六日の「三浦日記」。

「十一月二十五日軍令部よりの召電に接して以来随分待たされた電報であった。チャコ（久子）や栄子には誠に気の毒な可愛そうな事であるが私情などに囚われて居るべきでない。サー愈々《いよいよ》だと勇み立ち直ぐ返電を発しに大学内（東北大学）の郵便局に走り、その足で北山墓地に父・母上や祖母上其の他眠れる人々への御暇乞いをして家に帰る。山田、横山両家に行かんとしている時、山田牧師来訪せられ四時頃横山の泰子チャンが偶然来られたのでそれで横山に行くことも要らなくなった。夕食後高橋尚絅校長が見えた。この夜十二時過ぎまで各地への手紙を書き不要書類の整理をする。」

「三浦日記」は、一九四二年一月二六日からはじまり二年後の一一月二三日までつづいているが、大学ノートに書かれた文字は小さく判読するのがきわめてむずかしい。

日記中の久子、栄子はミウラの子であり、山田は牧師、横山は妻・しげの兄で牧師である。尚絅とは仙台のミッションスクール尚絅《しょうけい》女学院、そのことからミウラは聖職者に囲まれた環境にあることがわかる。

詳細は後述するが、ミウラは昭和初期からバリ島で商店（三浦商店・自転車雑貨店）を営んでいたが、戦雲がたちこめた一九四一（昭和一六）年七月、一時帰国し南方嘱託要員として海軍軍令部に登録をしている。その資料は今でも厚生省（現・厚生労働省）の第二南遣隊嘱託履歴収録に残っている。

※

軍令部に徴用されたミウラは、日本が真珠湾攻撃をした翌年の一月三〇日、羽田から福岡、上海、台北、マニラと飛行機に乗り継ぎ、二月七日フィリピンのダバオに着いている。そして九日に輸送船新興丸に乗りこみ、一一日にボロ島に到着、第八駆逐艦隊に乗り移り、一四日蘭領東印度のマカッサルに到着した。戦時下の飛行機移動は、海軍軍属奏任官ゆえの待遇である。

二月一三日の「三浦日記」。

「バリ島の地図などを描き金村指揮官は是非本船と共にバリに上陸してくれといわれる。

余は夫れ等のことは駆逐司令官に相談して頂きたし、小生勿論何れにも可、ただ小生は軍属部嘱託である事を如何せんと答弁す」

金村指揮官からの上陸部隊の水先案内人としての依頼だが、少佐である金村が大尉待遇のミウラに敬意をはらっていることがわかる。

一九九八（平成一〇）年八月、私は大阪市のヒエカタ会計事務所に元海軍主計大尉・稗方《ひえかた》豊彦をたずねた。真夏の暑い日にかかわらず私を迎えた稗方は、ミウラの笹子丸上での印象を次のように語った。

「我らの笹子丸に移乗してきたミウラさんは、半そで、半ズボンの海軍姿の老人という印象でした。やせてはいたが元気な様子で、親切でおとなしいけれど毅然とした態度で、一度で胸に焼きつく人でした。狭く暗い将校室で上陸作戦会議中の二十代の将校の中に。まるで老鷲が降り立ったようでユーモラスな、また太陽が現れたようでした」

稗方は一九三九（昭和一四）年台湾歩兵第一連隊に入営、陸軍経理学校を卒業した会計の専門家であり、中国大陸を転戦したあと、バリ上陸作戦に参加している。

ミウラの乗った笹子丸 9,258 トン、その後 1942 年 10 月ガダルカナルで米軍により撃沈される運命をたどる。

ミウラの任務は、上陸地点の決定、地形の把握、敵守備隊の陣容の解明、デンパサール市内地図作製、クタ飛行場の詳細地図の作成、抗日分子一覧表など細部にわたり、作戦上きわめて重要なものだった。しかしこれらは軍務であり、ミウラの心中にうずまいていたのは、愛するバリ島民をいかに守るかということだった。そのため将兵にはバリ島に関する資料を作り配布し啓蒙した。またミウラが占領後の宣撫《せんぶ》もかねていたことは否定できない。

宣撫とは、占領地の人民に日本国政府の方針を知らせ、人心を安定させることである。マレー軍には中島健蔵、宮本三郎、海音寺潮五郎、井伏鱒二、清水幾太郎、フィリッピン軍には尾崎士郎、三木清、向井潤吉、ビルマ軍には高見順、ジャワ上陸部隊には阿部知二、大木惇夫、南政善、大宅壮一、横山隆一などといった錚々たる文化人が顔をつらねている。その陣容から「戦う文化部隊」ともよばれた。

なぜここで文化部隊を引き合いに出すかというと、バリ島を訪れた彼らは必ずといっていいほどミウラを頼っているからである。

「おーい山だ、山がみえるぞ」 *1942.2.17.*

上陸作戦本部がシンガポール陥落を聞いたのは二月一五日午後七時のことである。ニュースはすぐさま将兵に伝えられ、艦上は歓喜の声であふれ士気が一気に高まった。

笹子丸は護衛艦に護られ青い海原を直進した。船団の前方に富士山に似た山容が姿を現す。兵士の一人が「おーい山だ、山がみえるぞ」とさけんだ。バリ島の霊峰アグン山が神々しく輝いていた。左に目を転じると霞のかなたにロンボック島のリンチャン山が見えた。将兵は固唾をのみ緊張した面持ちで紺色の海原を見つめていた。

船首に立つミウラの海軍服が風でパタパタと音を立てた。霊峰がしだいに大きくなる。ミウラの脳裏にバリの人々の顔が浮かんだ。一二年間のバリ島生活で育んだ人々との信頼感と絆、それは平穏で幸せな日々だった。

ミウラは懸念した。植民地からの解放とはいえ、日本軍とともにいる自分を彼らはどう思うだろうか、できれば「おーい、おれだ、トコ・スペダ・トワン・ジャパン（日本の自転車屋のおやじだ）」とさけびたかった。

二月一七日の三浦日記。

「今夜は愈々《いよいよ》待望のバリ攻略の日なり、なんとなく緊張するを覚ゆ。各兵上陸準備に忙し。余も準備をす。ピストル一丁鶴我副官より借用、稗方主計より巻き脚絆を借り受け鐵甲《てっこう》を得。朝食は土居氏の分と共に土居、西尾氏用の天幕布にてくるみて背に負う事とす。笹子、相模両御用船は駆逐艦大潮、満潮他二隻計四隻に護衛せられることポロ以来同じ。」

敵前上陸前の緊張感はわかるが、脚絆（ゲートル）、ピストルを借りての装備、どうみてもにわか仕立ての老兵としか思えない。ミウラの経歴に軍事教育を受けた気配はなく、ましてや使ったことのないピストルを借りてどうしようというのか。

バリ島上陸　*1942.2.18.*

二月一八日、船団はバリ海からバリ島ブレレン沖まで近づくと、左に九〇度方向を変え、バドゥン海峡に入り煙幕を張りながら進んだ。海原が月明かりの下で不気味な色をなし、ザー、ゴーという波音だけが聞こえた。突如として暗黒の大海原から浮かび上がった二つの火柱が天空を赤く染めた。オランダ軍が自ら石油備蓄基地などに火を放ったのである。

二二時、バリ島サヌール海岸の沖合約三キロに船団は船を止め、上陸部隊が作戦を開始したのは深夜零時であった。数隻の上陸用舟艇《しゅうてい》が波間に漂った。将兵は整然と寸隙許さず、上陸舟艇に移っていった。ミウラは金村指揮官とともに、笹子丸から縄梯子を伝わり上陸舟艇に乗り移りサヌール海岸を目指した。上陸舟艇が海岸にザーと音をたてた、将兵はつぎつぎとサヌール海岸から東にいったアユン川河口付近に上陸した。

日本軍が上陸したアユン川河口付近。

三月一九日の三浦日記。

「やがて砂浜を西にしてアジョン河口少し東より道を得んとすれども果たさず。更に西にして河口より上る。或は川の右を或は左を度々徒歩渡河して進む。此の川ギヤニヤル街道を横ぎる事は明らかなれども皆目見当つかず一人先んじて進み行き渡河せんとして一間ばかりの岸上より落ち込み半身水に浸される。左岸を進み田んぼのアゼを進むなど実に惨憺《さんたん》苦心す」

二〇一〇年一〇月、私はアジョン川を見つけたが、今ではアユン川とよばれ河口にたどりつくのにかなりの時間を要した。ギャニャール街道は正確にはギャニャールで、今ではギャニャール方面に行く主要幹線である。その街道を車で二分ほどの海岸方面に走ると海辺に建つヒンズー教寺院が目に入る。寺院の脇を流れているのがアユン川で、この地に立つとラドさんが話した日本軍の様子を具体的に想像することができる。

上陸部隊が進むにつれ雲が広がり月を覆い、地理確認が難しくなった。ギャニャール街道を越え集落に向かう途中、ミウラは石段と気づかず足を踏み外した。右足全体に激痛が走った。ミウラは痛みをこらえた。闇夜に敵兵も住民の気配もなかった。

「ミウラさん敵はいますか」

「金村指揮官、実に静かです」

「位置関係はわかりますか」

「さきほど渡河したのがアジョン川、ギャニャール街道から北上しています。もう少し行きましょう」

金村が後続部隊に指示を送る。さらに進むと老婦人に会いミウラが質問した。

「だめです。ご婦人はおびえていて何を言っているかわかりません」

そのとき篠突《しのつ》くような大粒の雨がザーザーと音を立て襲いか

のどかな朝の風景（1933 年頃）。当時のバリは静謐な神々の島であった。

かった。雨は兵たちの体温と気力を奪った。将兵は寒さで震えた。数時間前の南国の太陽が嘘のようだった。それでも上陸部隊は進んだ。雨が道路際の椰子の木を激しくたたき音をたてた。進軍するにつれ周辺はしだいに明るくなり、家屋や木々が眠りから覚めたように輪郭を見せた。無言の村落で雨音だけがせわしく聞こえた、時を告げる鶏の声がけたたましくひびいた。さらに進軍した。やがて雨はそぼ降り木々の葉を小さくゆらした。パパイヤやバナナが雨の中でたわわに実をつけ、緑の葉は自由を謳歌し、ガジュマルの大木は集落を包み込むように茂っていた。いつもなら東の空から神々しい太陽が昇るはずであった。稲穂が風に波打った。広がる田園の中に疲れきった兵たちは横たわった。そこはまるで日本を見ているようだった。兵隊たちははじめてみるバリの豊穣さに驚き、戦いをつかの間であるが忘れた。

※

部隊がデンパサールに向かう途中、長くのびる道路の先から黒点が近づいて来た。自転車に乗った男である。男は急ブレーキをかけると「あっ！」といい停止した。

「パパ・ミウラ（ミウラのだんな）ではないか」

男はミウラの周囲にいる日本兵に目を向け怪訝《けげん》な顔をした。ミウラが男の顔を見た。「三浦商店」（ミウラの営む店）の店先で男と話をしている光景が浮かんだ。自転車は三浦商店で売ったものにちがいなかった。

「スラマット・パギ（おはよう）早朝からどこへ」

「今から精米所に米を届けに行くところだ」

男にとって日本軍の上陸は他人事のようであった。

「ところでバパ・ミウラは?」

「野暮用ですよ」

ミウラはほほえみながら返事をした。野暮ようにしては物々しい出で立ちである。男はミウラと兵たちを不思議そうに見ながら立ち去った。

ミウラは樹木の影が長くなるころ、店先で人々と語らった至福の時を思い出した。またあのバリを取り戻したいと思った。

部隊はさらに進軍した。デンパサール市内のオランダ軍宿舎、警察官宿舎、ホテルには大量の敵軍服が脱ぎ捨てられてあったが人影はなかった。すでにオランダ軍は飛行機や車でジャワ方面に遁走し、オランダに使えていたバリ人、アンボン人、メナド人は山岳地帯に逃げたのだった。

その日ミウラは稗方主計とともに敵産処理のため銀行などを奔走し、夜は電燈のつかないバリ・ホテルで着の身着のままゴロ寝した。一方、上陸部隊は市内に警備兵の一部を残すとクタにあるオランダ軍飛行場を制圧した。今のバリ島ニグラ・ライ空港である。

無血上陸だったバリ島だが、米重爆撃機B51が船団を襲い日本軍が零戦（戦闘機）で応戦した事実も付け加えたい。両軍の被害は、連合軍が巡洋艦一隻、駆逐艦三隻が沈没、日本軍は相模丸、笹子丸が被弾、「満潮」も被弾し機関長以下六〇名が戦死した。これがバリ島沖海戦とよばれるものである。

ジャワ攻略作戦の空の要塞となったクタ飛行場は、海軍作業隊によって整備され、台湾高雄、岡山海軍航空隊の戦闘機約三〇機が着陸した。

三月一日からのジャワ攻略作戦に若い航空兵が出撃していったが、その一部は還らなかった。生還した航空兵は、その後ミッドウェイ、ニューブリテンなどに転戦しそれぞれの運命をたどっている。

ババ・ミウラ・ダタン　*1942.2.20.*

上陸後、部隊はデンパサール市内各地に分散し宿泊したが、金村指揮官、ミウラなど部隊本部はバリ・ホテルに落ち着いた。

バリ・ホテルは、蘭領東印度下、ＫＰＭ（オランダ王立船舶会社）が経営していたコロニアルスタイルのホテルであり、今ではインナ・バリと名を変えてこそいるが、建物は往時のままであり植民地時代を彷彿させる、お奨めのホテルである。上陸時、ミウラたち軍本部が記念撮影をした門もまだ当時のままでありバリ・ホテルの文字をうっすらと確認することができる。

バリ・ホテル前での記念写真。前列左から二人目がミウラ（1943年初頭頃）今でもBARI HOTELの文字は残っており往時を彷彿させる。

ミウラが日本軍とともにバリ島に上陸したことは、すぐに島内のすみずみまで知れわたり、日本軍を恐れ山中に逃げた島民も自宅に戻った。

「ババ・ミウラ・ダタン」（ミウラの旦那がやってきた）「ババ・ミウラ・ダタン」と人々は口にし、ミウラがバリ・ホテルにいることを知ると果物籠を頭上に載せ、極彩色のサロン（腰布）を巻いた婦人や娘たちの列ができた。それを見ておどろいたのは兵たちである。彼らもおこぼれを頂戴し南国の果物を満喫した。たずね来たのは住民だけでない、島内八つの地区からラジャ（諸侯）が果物を車に満載し、ミウラをたずね、上陸部隊を歓迎した。

輸送船上で「あの爺さんはいったい誰だい」といっていた兵たちは驚いた。あの風采の上がらない老人を島民やラジャは「ババ・ミウラ」と親しみと畏敬の念をもってよんでいる。バリを知らない兵隊にとって連日繰り返される光景は、到底理解できるものではなかった。

略奪とミウラのなげき　*1942.2.21.～*

上陸後間もなく日本軍は、臨時の軍政部を設け軍政布告をした。布告の内容は以下である。

「我々日本軍は、アジアの解放に来たのである。アジア人のためのアジアを建設するためである。どうか、安心して生活し、日本軍への協力をしてください。そしてインドネシアの独立に邁進してください」

軍政布告はしたもののすぐに島内の混乱が収まるものではなかった。蘭領東印度下の経済を仕切っていた華僑への積年の不満が爆発し、各地で華僑商店街が襲われ商品が略奪された。

デンパサール郊外の精米所で米を略奪する群衆に、日本軍警備兵が「略奪をするな！だめだ！」と日本語でさけび、限られた通訳要員が通訳したが収まらず、群衆は精米所に蟻のように群がり、男は米袋を背負い、女はもてるだけの袋をもち略奪におよんだ。日本軍警備兵は最終手段として銃を空に向け発砲した。

略奪の報を受けたミウラと稗方が現場に駆けつけたとき、日本兵が空砲を放ち暴徒を追い散らしているところだった。

稗方は暴徒を見て顔をしかめた。

「ミウラさん、困ったものですな」

暴徒を見ると、ミウラは悲しそうな目をして静かにいった。

「許してやってください。彼らの文化を壊し、富を搾取したのは為政者たちなのですから」

住民の一人が近寄り二人に詰め寄った。

「われわれは長い間、オランダの庇護下の華僑に苦しめられた。あなた方がバリを開放しバリ人を助けに来たのなら敵方の財産を奪うのを止めないでもらいたい。なぜ、日本の兵隊さんは敵の財産を保護するのか」

稗方はミウラの通訳を介していった。

「皆さんの気持ちはわかるが、我々はこの島の治安を守らなくてはならない、我々の任務は島の人たちに平和を与えることなのです」

その時である、取り囲んでいた住民の間から「バパ・ミウラ」の声が上がったのは、さらに暴徒からも声があがった。

「バパ・ミウラ・ダタン！　バパ・ミウラ」

住民も暴徒も白い海軍服を身につけたミウラに目をやった。

深々と頭を下げるとミウラは群集を見て悲しそうな顔をした。またしても住民の間から「バパ・ミウラ」の声が上がった。

静かな時間が流れた。

「皆さんいけません、戦争中とはいえ皆さんのやっていることは盗みです。皆さんの神はお許しになるでしょうか」

群集がミウラを見つめている、ミウラの目がうるんだ、静かな時間がながれた。群衆の一人が「バパ・ミウラ・マーフ」（ミウラさん、ごめんなさい）といい、その場を立ち去ると、一人また一人と「バパ・ミウラ・マーフ」と口にし去っていった。

彼らの言葉が、あなたを信頼している、とミウラには聞こえた。

バリ島は日本の四国の三分一程度の大きさであるが、上陸部隊約千人の兵員で全島を取り締まるのは困難であり、稗方も手記の中で「憲兵隊も警察もない当時、やはり軍が取り締まりざるを得なかった」と述懐している。それでも日本軍上陸後の混乱や華僑商店への襲撃は軍などの努力により三週間ほどで終息している。もちろんミウラが住民に親愛されていたこともあるが、それ以上にヒンズー教を重んじるバリ島民の信仰が、神への背徳を許さなかったのである。

ミウラを信頼したプジャ（右）とその家族。プジャはミウラが死ぬまで行動をともにする。

プジャとの出会い　*1942.2.21.*

日本軍のバリ島上陸後に起きた混乱は、バリ社会のみではなかった。上陸してまもなく日本兵はものめずらしさが手伝って民家に無断で侵入し、時には傍若無人に振舞うことがあった。平和を破られた島民の不満はしだいにつのり、たまりかねた彼らはミウラのもとにかけこんだ。ミウラは苦情を聞きいれ、家屋の目立つところに「民家立ち入り禁止」の札を貼らせ、再三、日本軍に申し入れたが全島内を徹底させることはむずかしかった。

二月二一日昼下がり、デンパサールの裁判官イグスティ・クトット・プジャ（以後、プジャ）がミウラをたずねてきた。彼はバタビア大学（現インドネシア大学）とオランダのライデン大学を卒業した島内随一のインテリーで、用件はやはり「民家立ち入り禁止」のビラの入手であった。

入手後に彼は門前に札を貼ったが、一将校に家を接収され強制的に移転させられている。しかしミウラは有能なプジャを捨ておかず、のちにバリ島の住民代表に推薦し、ミウラの片腕として民政部の行政顧問にしている。

上陸当時のバリ人に対するミウラのスタンスをプジャは、「困った人は常にミウラさんに面会を求め、それをミウラさんは親切に応えていた」といい、稗方は、自分の生活よりバリ人の生活を優先していた、といっている。

上陸後、ミウラはバリ・ホテルから近い自身の店「三浦商店」に何度か足を運んでいるが、店は蘭領東印度政府に接収され以前の面影はなかった。従業員の芝も宮本も現地従業員も行方がわからなかった。

一九三〇（昭和五）年、バリ島に移り住み子どもたちを育み、バリの人々と交わった三浦商店の消滅をミウラはどう感じたのであろうか。時代の波に翻弄されたとはいえむなしかったにちがいない。

ミウラが日本に一時帰国したのが一九四一年六月四日、そして一二月八日に日本軍が真珠湾を攻撃すると、蘭領東印度にいた全ての日本人がオーストラリアの収容所に送られ、日本人の財産のすべてが接収された。そして日本軍の上陸、八ヶ月足らずの間に状況は激変したが、ミウラの感慨は日記には書かれていない。

スランガンとの出会い　*1942.2.22.*〜

「ミスターミウラ、ミスターミウラに会いたい」

バリ・ホテル前のガジョマルの大木の方からミウラの名をよぶ声が聞こえる。ミウラは自室の窓から外の様子をうかがった。一人の男が日本兵と押し問答をしていた、聞こえてくるのは現地語でなく英語である。「ミスターミウラ」、たしかにそうさけんでいるのだ。ドアーを開け外に出る、強い日差しがミウラをおそう、日本兵がミウラに敬礼をした。

「三浦奏任官殿、何を言っているのかわからず困っていたところです」

ミウラは青年の顔をみた、英語を操る黒い瞳の利発そうな顔立ちの青年をどこかで見たような気がした。記憶の襞をたぐりよせた。戦前、ミウラの店に来たことのある青年で当時は少年だった、と思った。

「私はミスターミウラを探しているのです」

ミウラは、青年の前でにこやかにほほえみ「オー、貴君ですか、ご機嫌はいかがですか、今日は何の御用できましたか」といった。

青年はきょとんとしている。緑色の麻を素材にしたシャツと白い半ズボンに身を包んだ目の前

人物が、トコ・スペダ・トワン・ジャパンとは気づかなかったのである、青年はつづけた。

「私の家族は日本兵に家に入られ、家財道具を持ちさられ困っています。村人がミスターミウラのところにいって相談すればよいといったので来ました」

ミウラの脳裏に青年との出会いの場面が浮かんだ。

「貴君はおわすれですか、私はトコ・スペダ・トワン・ジャパンです」

青年は不思議そうにミウラを見つめた。

「スランガン君ですね、ミウラですよ」

「あっ！」

青年は大きな声を出すと目を丸くして「トコ・スペダ・トワン・ジャパン　ババ・バリだ！」とさけびミウラの手をにぎった。

スランガンは三浦商店に自転車を見に行ったときのことを思い起こした。満面の笑み、丁重な好好爺、「ババ・バリ、貴方は少し痩せておられますね」「いやいや私は毎日健康ですよ」、親切に応える物腰、その当時ミウラは祈りと七昼夜絶食し水を飲むだけの生活をしていた。そのときのことを彼は想起したのだ。

スランガンは日本兵の横暴と日本軍上陸後の混乱、そして住民の多くが日本軍を恐れ山中に逃げたことなどを克明に話した。

「スランガン君怖がることはない、荷物はなくなっても生命《いのち》があれば何でもない。荷物を探すことを約束しよう」

ミウラはスランガンと約束をし、日本軍と連絡をとったが荷物は見つからなかった。

※

ミウラの元に相談におとずれたのはプジャやスランガンだけではない。稗方の話によると、あらゆる人種の何千人という人々が懇願と相談におとずれ、そのたびに親身になってミウラは応じたという。ミウラの仕事は、軍務にかぎらず住民への自転車証明書、通行証の発行、住民生活の保護、住民自身の個人の権益保護、苦情処理など多岐にわたった。

二月二二日の三浦日記。

「この日当たりより、兵に自転車を引き上げられる者多きため通行証を要求する者多くあり、追々多忙を極める中に余を尋ねる者多く寸暇なし」

わずか数行の日記に、住民に対する思いやりや繁忙を極めるミウラの姿がうかんでくる。なぜ自転車証明書が必要だったのかを説明したい。日本軍はマレー作戦、フィリピン戦で侵攻速度を早めるため現地で自転車を徴発し自転車部隊を編成した。いわゆる「銀輪部隊」である。自転車の利便性は、ジャングルや川などをいとわないところにあった。徴発は軍の接収であり、その多くは持ち主には戻らなかった。バリ島でも日本軍に自転車を接収される住民が多く、自転車を取られないように自転車証明書と通行証を必要としたのである。今でいう自転車鑑札のようなものである。

ミウラはなぜ寝食を忘れてまで島民のために尽くしたのか。それは戦争前の平和な日々、神々の島といわれる平和な島をとりもどしたかったからである。日本軍ににくまれながらも、来る日も来る日も島民の相談に応じた。そのような多忙な日々は、もともと胃腸の弱いミウラの体を序々にむしばんでいった。

長い植民地下からの開放、そして新しい為政者への島民の不安と不満、それを思うとミウラは疲れたといってはいられなかった。まさに血のにじむような努力と忍耐でミウラはバリ島民と付き合ったのである。

※

ある日、ミウラは自室にスランガンをよび、「どうだね、我々の仕事を手伝う気はあるかね」といった。スランガンの英語力、卓越した能力を考えると、書記として最もふさわしい人物だったのである。

スランガンはミウラの申し入れを後にこう語っている。

「私は日本の兵隊になるのかと思いましたが、はじめは食料調達と薪をさがすのが私の仕事でした。バリ・ホテル周辺にはガジュマロの木が道までおおいかぶさり、それは見事でした。そしてビンロー、ブーゲンビリヤなどの木が繁茂していました。ミウラさんはそれが燃料として燃やされてしまうことをとても心配していました。そこで私は旧政府所有の山の木を伐採し燃料として利用しました。ミウラさんに書記になるよう薦められたときは大変うれしかった。多くの人が私のような仕事を求めて頼みに来ました。私は常にミウラさんからわが子のように可愛がられました」

スランガンはこの申し入れを引き受け、ミウラの右腕となり、のちに日本軍の補助部隊である郷土防衛義勇軍の中団長になっている。

日本軍の宣撫策　*1942.2.22.*

二月二二日、日本軍はデンパサールの州長やラジャ、そしてバリの代表者を集めてミウラの通訳で日本軍の宣撫策を伝えた。その中にバリ代表者としてミウラが推薦したプジャもいた。

バリ上陸の趣旨を説明したのは金村少佐であり、その内容は、日本軍政の施行、アジア民族の解放、州長やラジャそして島民への協力依頼であった。

日本は日露戦争に勝利し世界の一等国の仲間入りを果たしたが、その後も同じ肌の色をしたアジアの民は植民地下で苦しんでいた。インドネシアも三五〇年にわたる植民地下で搾取され、満足な教育さえ受けられなかった。おなじアジアの民としてインドネシアを解放、自立させる、金村少佐の宣撫策の趣旨はミウラをおおいに満足させたのである。しかし、日本の真意は南洋一帯の「南方占領地行政実施要領」にすでに示されていた。インドネシアについてはこうある。

「独立運動ヲ過早ニ誘発セシメヌヨウ努メ、インドネシア将来ノ帰属ニツイテ暗示スルガ如キ言行ハ厳ニ戒メルコト」

つまり独立運動を推し進めるなということであり、軍政施行布告では、結社、集会、敵国無線放送聴取、政治的言論、行動、示唆、宣伝、そしてインドネシア民族の象徴である紅白旗（国旗）とインドネシア・ラヤ（国歌）を禁止している。

こうみると占領政策は開放どころか、日本への帰属を意味していたといってよいのである。

南方方面軍の軍政施行要諦《ようてい》は、軍政三原則（一、民心の把握と治安の確保　二、戦争遂行に必要な重要国防資源の確保　三、作戦軍の現地自活）にある。蘭領東印度は、日本にとって石油の確保という生命線だっただけに、安易な政治的約束ができなかつた、というのが本音であろう。大本営や政府連絡会議が出した重要事項を、ミウラがどれだけ知っていたかは不明である。ただ末端の将兵に共通していえるのは「アジア民族の解放」ということである。

私は終戦時インドネシアに残留し、独立戦争に参加した残留元日本兵一五〇人を一九八四年から取材したが、彼らは異口同音に、戦争に協力した現地の人々に、「独立、解放」の約束をしたといっている。それは現地人と接触した兵士としたたかなる為政者の相違である。それが後々ミウラや、インドネシア人を日本軍の補助兵力として直接指導した日本兵を苦しめることになる。

アジアの開放　*1942.2.～*

南国特有の澄み渡った青空、常緑高木が手のひらを広げるように茂るその下で多くの人々が集まりがやがやと騒いでいる。バリ・ホテルからほど近い今のププタン広場に立て看板が立てられポスターが貼られていた。それを見て騒いでいるのだ。ポスターには日本軍制のスローガンが書かれてある。

「我々日本軍は、アジアの解放に来たのである。アジア人のためにアジアを建設するためである。どうか、安心して生活し、日本軍への協力を希望する。インドネシアの独立に邁進してください」

壁に「アジア民族よ、ひとつになれ」と書かれた壁画を見るインドネシアの人々（セラン市）、日本兵とインドネシア人が握手する姿もある。

ミウラの脳裏に浮かんだのは独立が達成し、豊かな大地に実る稲穂と南洋の果物、そして搾取されることのない豊かで自由な楽園のイメージであった。人に与える、奉仕する、幼少のころよりクリスチャンの父母の元で育まれた神の福音とともに生きるミウラの姿がそこにあった。このころよりバリ島内では「アジアの開放に来たニッポン　どうか安心して、現在のまま生活せよ」が、合言葉のように流行した。

バリ島上陸部隊が軍政を整えている間、三月一日からジャワ攻略作戦が進み、ジャワ島上陸後八日という短期間でオランダ軍を攻略した。

※

コバルビアスの『バリ島』は前章で触れたが、それ以前の歴史について簡単に触れたい。

一四七八年、ジャワ島にあったマジャパヒト王国がイスラム教勢力に追われ、支配者たちは学者、工芸の技術者たちとともに大挙してバリ島に亡命した。亡命政府はバリ島に王朝を建て、ジャワとバリとの一体化を進めた。マジャパヒトはアグン山麓にゲルゲル王国を設立し支配するが、次第に地方官が独立

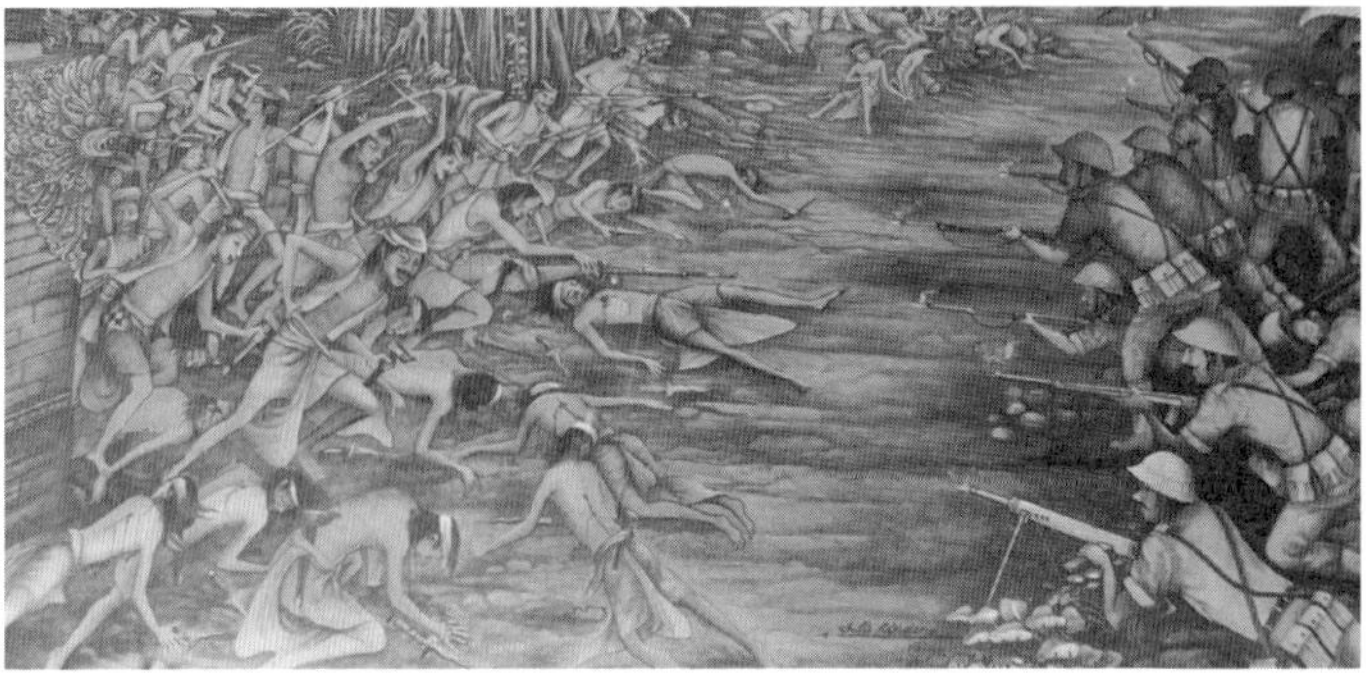
王族が玉砕したププタンの絵より

して八王国が形成された、その過程は権謀と術策に満ちた日本の戦国時代に似ている。

バリ島が蘭領東印度の支配下に入ったのは二〇世紀になってからで、ジャワ島などに比べるとずいぶん遅い。

オランダのバリ島攻略の口実は、バリ近海で難破し沈没した船荷をバリ人が収奪したというものだった。古来より難破船の荷物は海の神様からの贈り物と考えていたバリ人にとっては、言いがかりのようなものであったが、戦争の発端とはこんなものである。

蘭領東印度政府がしかけた戦争はバリ戦争といわれ、バリ島でのバドゥン王の威厳ある最期はププタン（玉砕）とよばれ、今でも語り継がれている。この歴史はバリをおとずれる方にはぜひ知ってもらいたい。

バドゥン大国の最後の様子を作家の高見順は「ププタン悲史」の中で以下のように書いている。

「和蘭兵（オランダ兵）はわが眼を疑った、それはまったく古い絵巻そのものだった。白日夢の怪しさだった。だが、それは現実だった。刻々と近づいてくる。「攻撃か？」

攻撃にしては粛然としすぎている。今までのバリ軍とは様子が違う。戦いのいでたちとは受けとれぬ。それに女、子どもまでが混じっている。『降伏か？』降伏にしては毅然としすぎている。遠目ながら傲然《ごうぜん》たる風は、はっきりとわかる。何か不思議な威壓的なものさえ感じられるではないか。それに男をはじめとして、女、子供までが抜身の短剣を携えている。明らかに挑戦の形だ。「やっぱり攻撃か」それにしては、銃砲の前に大胆に身を曝して進んでくる。鉄砲の恐ろしさは、身にしみて知っている筈だが。既に間近に迫ってきた。和蘭軍の司令官は、ブレレンから連れてきたバリ人の通訳を走らせて「止まれ！」と命令させた。攻撃とも降伏ともわからない不気味な行列をひとまず止まらせて、その意味を尋ねようと思った。「止まれ！」だが行列は止まらなかった。それに却って火に油を注いだような形で、行列は逆に足を速めて進んできた。「止まれ！　止まらぬと打つぞ！」――止まらないで平然と進んでくる。もう眼の前に来た。突如王の輿の背後から、短剣を振りかざした数人の男が躍り出た。敵意に顔をひきつらせて、和蘭軍に襲いかかってくる様に、「打て！」司令官の命令一下、和蘭軍の小銃が火を吐いた。バタバタと倒れた。「あッ！」倒れた中に無慙、王もいた。瞬間、今の今まで粛然とした行列の中から、呪いとも呻きとも喚声とも怒声ともつかぬ異様な声が挙がった。その声とともに、今の今まで整然と一糸乱れず整列を作っていた行列が、ぱっと横に開いた。「打て！」バリ人の声だった。「さあ、つづいて打て！」挑戦のさけびを挙げて、和蘭軍の小銃の前に、昂然と自らの胸を開いて見せる。「打たぬか！よし！」短剣《クリス》を振り上げて、男たちは挑んで行った。和蘭兵の銃が鳴った。バリ人は次から次へと倒れて行った、王の死に殉じる光栄に莞爾とほほえんで死んでいった。」

私は「ププタン悲史」を読んだとき、名誉の死を美徳とする日本人の武士道を感じた。王の威厳ある死は王国の滅亡の荘厳な儀式であり美意識そのものである。あえてここで「ププタン悲史」を取り上げたのは、王族の荘厳な滅びの美がミウラの終焉に大きく関わるからである。

一九〇六年九月二〇日、バリ王族は倒れ、その後はオランダの支配が確立し華僑経済が台頭してくることになる。日本軍上陸後の略奪行為はこのような歴史的背景の中での事件だったのである。

歓迎　*1942.3.5.*

日本軍が上陸したサヌール海岸に旭日の太陽が昇ろうとしていた。朱色に輝く水面に浮かぶシルエットの小船は平和そのものである。ミウラはことさらサヌール海岸の日の出が好きだった。三月五日、ミウラ、稗方、阿南中尉、伊豆見軍医を乗せた車は、一路バリ島の東部カランアサムに向かっていた。

「ミウラさん、のどかですね」

ミウラは右手に広がる海を見つめ「ええ」とだけ応えた。

四人を乗せた乗用車が右にバドゥン海峡を臨みギャニャールに入ると、清涼な青空のなかに富士山の山容に似た霊峰アグン山が見えてきた。

「稗方主計、アグン山は高いだけではありません。バリの人々にとってこの山は信仰の中心となる山です。彼らに言わせるとこの山は世界の中心であり、言い方は良くないですが『世界のへそ』となるものです。あとで案内しますが、標高千メートルのところにあるブサキ寺院はバリ島寺院の総本山で、寺院を正面から見ますと後ろにアグン山が鎮座していることがわかります。朝方の霧に煙るブサキ寺院は神秘的でまるで墨絵の世界を連想させます」

クルンクルンを超えてカランアサム県との県境にさしかかると、道路脇に群衆が見えた。車は青空の中にどっしりと構える赤い割れ門の前でとまった。ブックエンドのような形をした割れ門は、邪悪なものが通りぬけできないように狭くできており、無理に通ろうとすれば挟まれるのだという。

一行が車を降りると貴賓に礼を尽くす鐘《どら》の音が「ゴーン」とあたりいっぱい鳴り響いた。さらに奥まった第二門を通りすぎると、民族衣装を身にまとったカランアサムのラジャと親族たちが迎えた。

ミウラの顔を見るとラジャはかけよった。

「パパ・ミウラ。日本の兵隊さんたちと一緒だったのですね」

ラジャはミウラの手を握りつづけた。

「パパ・ミウラ、聞いたよ。日本がわれわれを解放に来たと、それに何よりうれしいのはパパ・ミウラがいたことだ」

ラジャは自分の車にミウラと稗方を迎い入れ、ミウラがラジャと後部座席に座り稗方が助手席に座った。そして阿南中尉と伊豆見軍医の乗った車が後につづいた。

自動車がゆっくりと走りはじめた。カポックの大木から綿

アグン山中腹に位置するバリ・ヒンズー教総本山ブサキ寺院。

毛がふわふわと空中に舞った。カポックの綿はカスールとよばれるこの地方の寝具の材料となり、北半周で収穫する綿花に比べると涼しく感じるという。それにしても真っ青な空に舞う綿毛はみごとであり、ミウラは仙台の雪を思い出した。

「バパ・ミウラ、ジョヨボヨ神話には北の世界の黄色の民族が、いつかは白人君主を追い出し、とうもろこしの育つ季節の間にこの地を支配し、そのあとで正義の女神より祝福されるとある。そのことが本当になった」

ミウラは丸眼鏡の奥の瞳を細めるといった。

「そうです、日本はバリを開放するためにきたのです、この国の独立のために……」

ジョヨボヨ神話は古くからジャワに伝わる神話だが、日本がロシアを破って以来、この予言は真実味を増して蘭領東印度下の人たちに信じられてきたのだった。

アグン山から吹き下ろす風が稲穂の波をつくり、海原へ流れていった。ミウラは見慣れたバリの風景に酔いしれながら、戦争という怪物の手先になりつつある自身を懐疑的に感じていた。戦争が終わり独立を達成すれば、また平和なバリがもどってくる、今オランダの圧制から住民は解き放たれた、一時であるがバリ島民は至福にちがいないのだ、とミウラは自身に言い聞かせた。

※

割れ門。門をくぐると人の邪悪な部分は浄化されるという。ミウラが愛した光景のひとつである。(1920年頃)

二台の車がアンラプラにあるアグン・カランアサム王宮門に近づくと、道路沿いで民族衣装に身にまとった住民たちが胸に手をあて歓迎した。

「ミウラさん、すごい歓迎ぶりです。まるで江戸時代にタイムスリップしたようです。参勤交代のときのようですよ」

稗方が興奮していった。

「参勤交代とは時代がかっていますが、昔から住民のラジャに対する習慣なのです。カランアサム王国はご存じのようにバリ島の東側に位置している小さな国ですが、最盛期はロンボク島からさらに東のスンバ島までが勢力範囲でした」

稗方は、さらにバリ島の文化、習慣などについても訊ねた。

「ほう、稗方主計もいよいよバリに興味をもちましたな」

「それはそうです。見るものすべてが新鮮なのですから」

「それはそうですな。稗方さん、バリ島の約九割の人々がバリ・ヒンドゥーの教徒です。もちろんキリスト教徒やイスラム教徒もいますが、なんといってもこの島の文化をつくっているのはバリ・ヒンドゥーです。この島が独特の雰囲気をもっているのはそんなところにあります。人々の生活は伝統的なスタイルを継承し、神を敬うことを忘れない。毎日の生活の中にそれが浸透している、たとえば毎朝のお供えですが、小さなバナナの葉の先に食べ物や花びらで満たした正方形の器を神々そして悪霊にもそなえます。この島では森羅万象に霊魂

宴が行なわれたカランアサム王宮。

が宿ると信じられているからなのです」

「そうですか、毎朝サロンを巻いた女性が供物を町のいたるところに置いている姿が見えます。あれがそうなのですね」

車はカランアサム様式の第一門前に止まった。赤レンガ門は広葉樹が覆いかぶさり、急な石段を上がると二門につづき平地となり、そこを右に折れると青空が開け小さな祠が鎮座し、両脇の塀にブーゲンビリアの紫の花弁が色をそえる。まさに、霊験あらたか、という言葉にふさわしい光景であった。一行が第三の門に立つと「ゴーン」と銅鑼《どら》音がひびき風にのり天空高くアグン山方向に流れていった。銅鑼の音は賓客歓迎のシグナルである。第三門の中の広場に王族が現れた。

「バパ・ミウラ、バパ・ミウラ」

一行を迎えた王族の一人一人が、ミウラの名をよび懐かしそうに手を握り挨拶をした。

「バパ・ミウラ・ダタン！　バパ・ミウラ・ダタン！」

ミウラをとりまく人々の中には、目を潤ます老人や女性もいた。また珍しそうに稗方たちの軍服を眺めている者もいた。

稗方の前にいるミウラは、かつて見たことない日本人「バパ・ミウラ」であった。さて、以下は読者の皆様にラジャに招待されたつもりで読んでいただきたい。

※

ラジャは一行を池に囲まれた楼閣に案内した。屋根は赤い瓦で葺かれ、高い天井の下には大理

石の床が広がり、ガメラン音楽が流れていた。バリの王室は、自ら優れた楽器と楽団を持ち文化の継承をしている。ガムランは打楽器が主体であり、もっとも大きい銅鑼の大きさは直径一メートルに近く、その音色はガムランを象徴し、曲のはじめと終わりに登場する。楽団としては一九三一年にパリで開催された植民地博覧会に参加したプリアタン歌舞団が有名であり、今も引き継がれている。

稗方は大阪の事務所で、その時の印象を私にこう語った。

「広い大理石の床上にアンペラ（ござ）が敷かれ宴席が用意してありました。ラジャが中央に座り、右にミウラさんと私、左に阿南中尉と伊豆見軍医、そして私の隣にラジャの次男が座った。腰にサロン（布）を巻いた女性たちがバリ料理の数々と椰子酒を運んできた。宴席の周囲には一行を歓迎した村人たちが集まり眺めていた。バリでは大切な客人があると、村人が集まり客人が接待されるのを眺めもてなす習慣があるのです。宴がはじまる前に阿南中尉が、バリ島を開放に来たので安心して生活してください、と日本軍上陸の趣旨を説明しました」

阿南中尉の説明はミウラの通訳で行われたが、その内実は、軍政三原則に基づいた民心の把握と治安の確保とであった。

ガムラン音楽とともに宴がはじまると甘い南国の果物の香りが周囲にただよった。屋外につづくテラスにはバラに似た赤い花をつけた植物の蔓がからみつき、眼下には顔料をながしたような緑色の湖面があった。ガムランに合わせてレゴンダンスやトッペンとよばれる仮面舞踏が入れかわり立ち代り一行を歓迎した。稗方は目の前で展開される舞踏を見ながら自身の体内に湧き起こる旅情を感じた。しかしあくまで稗方は帝国陸軍の士官であり、いま戦地に赴いていることを考え自戒した。ミウラは目を細め舞踏を観賞し出された椰子酒を飲まずにほほえんでいた。日本人たちはラジャと何回も椰子酒で乾杯した。とろけるような甘さ、つつみこむ風、稗方は上陸以来はじめてバリのすばらしさを知ったのだった。

二〇一〇年一〇月二九日、私はこの地に立ったが、宴の行われた楼閣周辺は草生し、楼閣にある古びたガムラン楽器から往時をしのぶことができた。ラジャの末裔が住む正面にある母屋に入るとテラスがあり、渓谷が広がり、眼下に川が流れ、広がる集落のはるかかなたに霊峰アグン山が聳えていた。その景色に私は度肝をぬかれた。

（上）気品あるカランアサムのラジャ。写真左下に1939年とある。日本軍進駐の3年前。
（下）カランアサムを訪れたミウラ（左端）第三門前にて。

上陸後の三浦裏　*1942.3.*

三月七日の「三浦日記」。

「稗方主計、ミスタープジャと三人でキンタマーニを廻りシンガラジャに赴く。途中キンタマーニのホテルで昼食のナシゴレンを食し独逸人夫妻をホテルに呼びバリ島旅行自由の許可を与う。ドイツ人として一時ジャワに連れて行かれしも、バリに帰されキンタマーニに軟禁、他所に行く際はコントレールの許可を要せしと、バリ在住七年半、シンガラジャにてミスタープジャと共にフォルスバンクの鍵とパルマンアゴンのバッグを持ち居る。バリ人を尋ねるなどしてレシデン邸たる大隊長宿舎に帰る。（この日、シンガラジャの公営質屋、郵便局、阿片局も周り各局の資産状況を調べている）」


三月八日の「三浦日記」。

「銀行の現金を調べ各所より入金の出処などを調べる。夕刻、郵便局長をたずね明日現金其の他の取調べをなす事とする。」


三月九日の「三浦日記」。

「午前、郵便局に赴き現金その他を調べ質屋に赴き現金貸し出し高等を調べる。昼食後ミスタープジャと共にプ

バリ島内を巡るミウラ（右端）とプジャ（左端）。日本軍将校が海軍服を身につけていることから 1943 年頃の撮影か。

ジャの家を立つ。途中アンゴールにて二十一日午前日本兵なりと詐称してオランダ人留守宅を襲い略奪を行いたる支那人四名を探す。パトリエにて雨中パッサングラハンに立ち寄り、プロバカルより犯人の事を聞きコーヒーを飲みて、午後五時デンパサール着。バリ・ホテル前にてバリ人水兵の略奪に会うとの訴えにより兵一名とカンポン・テテ（テテ集落）に奔る。」

三月一〇日の「三浦日記」。

「陸軍記念日なり。日本語学校開校式に臨み下手な通訳をする。午後、ミスタープジャ、ポンガワ、秘書の三人に加藤ドクトル、森口山砲中隊長、阿南中隊長等と共に自動車をつらねあちこちを訪問。夜、食後森口、加藤両中尉の案内を仰せつかり帰宅後記入す。」

三月一一日の「三浦日記」。

「今朝は飛行場に瀧田君を訪ねようと思って居る処へ次々に来訪者あり。（ギヤニャールのラジャ来たる。ギリマノック辺のワカラズヤ半分来る。ネガラより新教宣教師夫妻、旧教宣教師一）意の如くならざりし処、突然瀧田君より十一日マカッサルへ立つとの手紙あり。同君の亡父形見海軍将校の剣を予め預かり居りし事ゆえ、夫れとピーサン（バナナ）其の他貰い居りし一篭を自動車に積みスマデの運転にて飛行場に赴く。同君と会いし剣を返納、帰宅す。隣家に移転す。阿南中尉の宅より帰りし処ブドゴール事件の犯人の内二人来る、獄に送る。」

ここで「三浦日記」の数日間を紹介したのは、上陸後の慌ただしさを読者に感じてもらうためである。特に蘭領東印度下の資産状況調べは、軍財政に関係するだけに重要だったようだ。主計だった稗方は、私のインタビューにこう応えている。

「銀行、公営質屋、郵便局、阿片局の事務管理情況を見ましたが、どこも何等変化もなく事務をとり営業をなし、現金と一致しているのには驚きました。どこも上司は逃亡し、主権は代わり、どんな変化がくるかわからない状況のなかで、自分たちの責任を果たし事務を執っている。日本人はこんな場合どうだろうか。調査後、私がよろしいとサインを入れると職員たちはほっとした表情をしました」

稗方は、宗教に裏付けされたバリ人の誠実さと優秀さを賞賛している。略奪について質問すると「略奪させたのは時代であり、そうさせた為政者に原因があるといい、人間性善説を説くミウラの懐の深さを知ったと、といっている。

すばらしきバリ島

湖上にバリ寺院のあるブラタン湖を越えパチュン峠にさしかかると、バトゥカウ山のすそ野に棚田が広がっている。稲穂が緑の絨毯をなし、畦に植えられた椰子の木が、風にゆられ天までのびている。棚田の上部に馬の背のように道路が走る。

私はここに来るたびに道路わきのレストランに入り、バリ料理を食べ、風景を満喫し、ミウラや稗方の語らいを想像する。パチュン峠はバリ島の観光案内書には必ず出てくる名所である。バリ島に来たならば、海ばかりでなく、この地もおすすめだ。

二人を乗せた車は風をきり、標高を下げ、サンゲ付近の山中に入っていった。車がカーブで速力

海抜約700メートルの湖上に浮かぶ、水の女神を奉るウル・ダヌ・ブラタン寺院。
バリ島を訪れたらぜひ行きたい。

を落とすと数匹の猿が枝から枝に飛び交い、路上の猿は車がハンドルを切るたびに「キャ！キャ！」となき逃げようともしない。

この島は、日本人を眺める人や動物が多いと稗方はおもわずほほえんだ。

「どうかしましたか、稗方さん」

ミウラは、二人だけのときは稗方主計とよばず稗方さんといった。二〇歳代の稗方と六〇歳に近いミウラとでは、親子ほどの年の差があった。

「いえ、なんでも……」

車の音に驚いて極彩色の鳥が二羽、木の間から飛び立った。

「稗方さん極楽鳥ですよ。はじめてですか」

「そうです、きれいですね」

「この島ではトラも出るのですよ、食べられないように気をつけてください」

「ミウラさん、おどしては困ります、本当ですか？」

「本当ですよ」

「名誉の戦死でなく、トラに食われてはあまりに不名誉で祖国には帰れませんからね」

「そうですな、それにしてもバリはいいところでしょう。こんなところで戦争をしてはいけない」

独り言のようミウラはいった。車はさらに走りタナバンを過ぎ田園地帯を走った。

「稗方さん、あそこを見てください、あれがインド洋です」

太陽の下、黄金色に輝く大海原があった。車は海の見える高台で止まった。

「稗方さん、降りて歩きましょう」

二人が車を降り海に向かうと寺院がみえた。

「どうですかこの光景、タナ・ロット寺院、バリ・ヒンズーの代表的なお寺です」

黄金色にそまった海上に影絵のように寺院は浮かびあがり、後光が雲間から落ちている。海からの風が二人のほほにあたり、ほてった体をいやした。稗方は崖縁に立ち沈み行く太陽を無言でながめていた。

「稗方さん、どうしました」

「ミウラさん、ここが戦場なのでしょうか。どこで戦《いくさ》をやっているというのでしょう。あまりに平和です。このような平和な世界を我々は大切にしなければいけません。私は大陸やフィリピンを延べ六年間転戦してきました。人間というのはおかしなもので、あまりに平和だと物足りなく感じますが、やはり平和がいち

稗方が感動したタナ・ロット寺院。夕日に浮かぶ寺院は絶景である。

ばんです」

ミウラはうなずいた。

二人は太陽が水平線のかなたに消えても、しばらくその場に立ち尽くした。

※

バリ島に上陸した日本軍兵士たちは、時間の経過とともにバリ島の生活に順応していった。それにはバリ島が直接戦禍をこうむらなかったこともあったが、バリ島の人々の人情や透きとおる風の中に広がる田園風景があまりにも日本に似ていたからであった。ひとことでいえばいやされたのである。

一九四四年に海軍司政官としてバリ島に渡った河野恒雄は、バリについて次のように語っている。

「ヒンズーというのは神を中心としたもので、神と生活が一体となっている事実、これはもう理屈でなくてそういう生活だったんですね。したがって何か不満があっても、憑依《ひょうい》というんですか、神になり移ることによって不満が解消するといった事実があったんですね。不満があっても、祭をやって祈ると不満が消えて非常に穏やかな気持ちになる。そういう憑依の事実があって、それがそういう不満の気持ちを解消していたんではないかという気がしました」

バリ人の生活が宗教にもとづくものであり、ジャワ人とは違う気質をもっていたこと、そして日本軍に糧秣を供出しても、彼らが生活できたことも日本軍に味方したようである。

祖母の国と呼びたい

村落の家ごとにペンジョール（竹の幟《のぼり》）が風にたなびき舞っている。布で巻かれた竹の先端に椰子の葉の切り細工飾りがつるされ、竹が弓なりにしなり揺れる。天と地をつなぐ竜を表すペンジョールは神々がルルクールに着く誘導灯の役目である。ルルクールとは寺院の庭に建てられる櫓で神が降臨する場所である。寺院の創立記念日には天から神が降臨し、神を迎える村人たちは年に一回オダランとよばれる祭事を行う。バリ暦では二一〇日に一回の割合でオダランが回ってくる。祭の日には着飾った女性たちが果物やバビ・グリン（豚料理）サテ（串焼き）などをガボガン（料理などを一まとめに飾ったもの）にして頭上にのせて行列をなし寺院に向かう。ガムランが音を鳴らし先導し、そろいの傘に晴れ着姿の村人たちがそれにつづき村を練り歩き寺院に入る。寺院では香木が焚かれ神事舞踏が奉納され、お参りする家族は僧侶から聖水で清められる。

　ペンジョールは日本の神社の幟に似ている、椰子

オダランを祝い寺院に集まる人たち（２００９年５月）。バリを巡ると必ずといっていいほどオダランを見かけ、旅人も歓迎してくれる。

の葉の切り細工は灯篭のようだ、そしてガムランの音はまるで村の神社の太鼓のようである。

椰子の木の下を親子連れが農具をかつぎ農作業に向かう、緑の水田は波打ち風に揺れる、傾斜地に広がる棚田は日本の田園そのものだ。戦争中だというのに、実にのどかな風景が広がっている、バリのヒンズー教は土着信仰のアニミズムと融合し、人々の生活の中に根を下している。宗教は違うが日本の仏教に似ているところもある。バリ人が古来から崇める〝山への信仰〟は日本の山岳信仰に似ている。そして何よりも似ているのが、バリ人が勤勉だということだった。

「いやー、日本の田舎とそっくりだ」「バリ人は日本の祖先のようだ」「あまりに我々に似ているので、外地にいるような気がしない」「これほど日本と似ている人種は見たことがない」「あまりに日本に似ているので祖母の国とよびたい」などと兵士の口から飛び出したのもうなずけることである。唯一違うのは椰子の木が天空にそびえ立っていることだけであった。

キンタマーニ会談

標高約千五百メートルのキンタマーニ高原一体は幽玄なる朝靄に包まれ、その中に太陽の存在がかすかにみとめられる、バトゥール山、アバン山が浮かび上がり、雄大なバトゥール湖を眼下に一望することができる。さらに太陽が昇りの澄み切った空気の中に太陽の光が輝きひろがりはじめると霊峰アグン山も見ることができる。

日中でも涼しさを感じるキンタマーニ・ホテルは、バトゥール山の外輪山の上に立ち、ホテルの庭には高原の花々が咲き乱れている。

稗方は、はじめてキンタマーニ・ホテルに行った時の印象を私にこう語った。

「このホテルは昼尚寒き位で、初春から晩秋に咲く花々が庭いっぱいに賑わって、麓より襲いくる白雲と霧のため天空にそびえる花園の天使のお城の如し」

このホテルは、KPMがオランダ人の避暑用に建築したバンガロー形式のホテルで、観光客専用の豪勢な特別室をもつ建物だった。

ホテルのバリ人支配人は、軍人の中にミウラを見つけると安堵し駆け寄って握手を求めた。会議用にもうけられた部屋はバリ彫刻で飾られ、スターフルーツ、ランブータン、マンゴーといった南国特有の果物が机上に載せてあった。会議室の窓からバトゥール湖を眼下に見下ろせ、ときおり心地よい風がふいた。

会議の出席者は、島内配備部隊を代表して総務部長広田隊長、河合副官、阿南隊長、伊豆見軍医、機関銃中隊佐藤隊長、十一中隊松永隊長、今村小隊長、本部将校、会計担当の稗方主計そしてミウラだった。重要議題は、オランダ理事官引揚げ後の軍制の行方とバリ島の知事の選任であった。

バリ島はヒンズー教にもとづく村落共同体を基本としての血縁地縁関係が強く、村ごとの慣習法で結ばれ、血縁関係の上層部にいるのがラジャである。島内は八行政区（ブレレン、ヌガラ、タナバン、バドゥン、ギャニャール、クルンクン、バンリ、カランアサム）に分かれ八人のラジャがいた。

稗方はこの会議が印象に強いらしく鮮明に覚えていた。以下は彼の記憶を元に構成した。

キンタマーニに高原からバトゥール方面をながめる。早朝の靄に包まれたとき幽玄なバリを感じることができる。

※

会議の進行役の広田が型通りの挨拶をすると、司会の稗方が出席者全員を紹介した。そして会議はミウラのバリ島の現状説明ではじまった。

「私からバリの現況について説明いたします。日本軍上陸後一ヶ月になろうとしていますが、未だにオランダの行政理事官にあたるものが不在のために八州のラジャたちは困っています。たとえば何事も許可を得るのに直接部隊長のところに出向せねばならず、行政に支障が出ております。一刻も早く島の長となる行政官を決めることが急務であり、そのことをラジャも望んでいます」

参加者の多くがうなずいた。島の行政にたずさわる専門官がいなければ役所の仕事は進まない。上陸してきたのは軍人であり、各隊長と数人を除いたら将校とはいっても二〇代の若者である。

「皆さんに理解していただきたいのは島民の気質や習慣が日本人によく似ているということです。無理をしなければこの島の人々はついてきます。バカヤローと怒鳴ること、権力を笠にきることは厳に慎まなくてはなりません。アジアを開放しこの国の独立までともに戦う姿勢が必要です。さて、誰をこのバリの代表にするかということですが、ラジャの中ではクルンクンがもっとも格式が高いのですが、カランアサムの方が領土も大きく有力者です。知識階級からいえば旧蘭時代の国会議員がギャニャールにいますが、ご婦人がオランダ人で問題があります。そして若い有力者といえば、日本軍上陸とともにバリ側の代表として接触したデンパサールの裁判長プジャがいます。これが私の知る限りの候補者ですがいかがでしょう」

「そうですか、稗方主計、君の意見はどうかね」

広田議長が稗方に意見を求めた。

「ミウラさんの発言のとおり早くバリの長になる人を決めないと行政が滞るのは目に見えています。候補者が数名でましたが、ギャニャールのラジャは旧蘭時代の国会議員で経験はありますが、夫人がオランダ人ではバリ人が承知しないでしょう。そうなると誰が考えても他のラジャから選ぶか若きイグスティ・クトット・プジャではないでしょうか」

稗方の説明に参会者がうなずいた。

「議長いいですか」

「河合副官どうぞ」

「この間カランアサム・ラジャが挨拶にきましたが老人でした」

「そうです、ギャニャールのラジャもカランアサムのラジャも老人です。どちらがなっても相手を気遣いラジャ連合ということになります」

「それでは統一できません、単純化しないといけない、どうだ、阿南隊長デンパサールの方は」

「デンパサールの方は、郡長以下大変に協力的です、プジャの評判は高く、本人はデンパサールの裁判長をしております。親日家であり、政治に長け、機知に富み人間的に優れています。私は彼を推したいと思います」

参会者がうなずいた。

「私もラジャには問題があると思う、ラジャを選べば連合とせざるを得ない。バリの小王国は友好関係というよりは敵対関係にあり、日本の戦国時代と同様、権謀・術策の歴史があったのはご承知のとおりです。中には日本嫌いのラジャもいるはず、現にシンガラジャのラジャの長男はオランダ軍中尉で今も自宅に逃げこんだまま没交渉の状態です。ラジャを選べば王国間に争いが起きないとも限らない」

議長の意見のあと、ミウラからギャニャールのラジャは住民より女性のことで苦情が出ていることの説明があった。

「ヌガラの知事は一刻も早く知事を決めてほしいと、私のところにきています。どうでしょう新しい時代には、思いきって若いプジャを推しては」

ネガラの小隊長今村はいった。

「私も賛成だ」

松永隊長がいった。

全員の意見が一致しプジャがバリ島の知事にきまり、日本軍政部は指導はするが、行政はあくまで新知事プジャに任せることになった。もっともよろこんだのはミウラである。

新知事はプジャに決まったが住民対策、華僑対策、経済対策、文化・宗教など問題は山積していた。

バリコーヒーの香り

会議が終わったホテルのサロンにコーヒーの香りが漂っている。会議中の緊迫した雰囲気とはことなり参加者全員がくつろいでいた。

「どうです皆さん、キンタマーニのコーヒーです。この香りは上等のアラビカ種のものでロブスター種のものとはちがいます」

ミウラはコーヒーを鼻にもっていった。

「どうですこの香り、これがバリの香りです。そしてアグン聖峰を仰ぎ、インド洋を眺めてください。ここが今皆さんのいる、バリなのです」

さらに話をつづけた。

「少しコーヒーの話をしましょう。アラビカ種の原産地はエチオピアといわれています。それが世界各地に伝わりその地域の気候や土壌によって特徴のある風味や香りのコーヒーができました。アラビカ種はこの場所のような一千から二千メートルの高地で栽培されるため必要以上の労力を要します。焙煎によって苦味がやわらぎ奥深い味わいを楽しむことができます。このコーヒーの特徴である香

（左）収穫したコーヒー豆を選別する人たち。（右）コーヒー豆の収穫。（いずれもトラジャのキーコーヒー農園にて撮す）

り、苦味、甘みを十分に味わってください。そしてもっともおいしいのがトラジャ・コーヒー、これはオランダ王朝ご用達の特別品でまぼろしのコーヒーとよばれています」

ミウラはトラジャ・コーヒーの説明になると語調を強めた。その理由は後の章で述べたい。

軍人たちは唖然とした。今、我々は戦争に来ているのである、しかしあのミウラの余裕は何なのだろう、と思った。目の前にいるミウラは輝き、日本軍に同行してきた翁とはまったく別人に見えたのだった。

この日、稗方はキンタマーニ・ホテルのマネージャから手渡された記念帖にこう書いた。

「バリの人々よ、インドネシアの人々よ、アジアのためのアジア建設に頑張ろう。どうか早く独立してください。インドネシアの成功を祈ります。　ヒエカタ　ノリヒコ」

マネージャが「何を書いたのでしょうか」とミウラに訊ねると、ミウラは「バリと日本は友人です。インドネシア独立万歳とミスターヒエカタは書きました」と通訳した。マネージャは感激のあまり稗方の手を握ると何度も「ありがとう、ありがとう」といったのだった。将校とはいえ若干二六歳、稗方の胸に熱いものがこみ上げ涙をこらえるのが精一杯だった。

「稗方さん、いいことをお書きになりましたね」

ミウラは稗方を見ると静かに笑った。

私はキンタマーニ高原を数えきれないほどおとずれている。二〇一〇年一〇月がもっとも新しい。高原のレストランのテラスに座り、アグン山を眺めると「南と北の　恋人が　抱擁せし　あの高原」と詠われるロマンチックな故事「チンタ　マニー」を思い出す。愛する二人がアグン山の見える風光明媚な高原で逢引きした物語である。

マレー語のチンタ、マニーがキンタマーニになったといわれるが、日本人がはじめて聞くと猥褻に聞こえる。バリ語の語源は「明日の恋人」である。

テラスでバリコーヒーを飲み、雲海のかなたに虹を見つけると天竺に通じるようである。ただこの地でいかめしい軍服を着た将校たちが会談したことと、周辺の風景がどうしてもリンクしないのである。（心配なので念を押すが「キンタマ」ではなく「キンタマーニ」である。「金玉」と「明日の恋人」では雲泥の差があるが、今バリの観光地となっているこの地へ日本の若人が行き地名を聞いただけでクスッと笑うのもうなずける話である。）

軍政の確立

キンタマーニ会議での決定事項は、バリ側はラジャの代表、プジャ、ミウラの書記のスランガンなどのバリ人代表、そして日本側は金村部隊長以下の将校が集まり、ミウラの通訳で正式に伝えられた。これによってプジャはバリ島の知事になり、日本は軍政を施行、各ラジャをとおしてオランダ時代の組織を元に間接統治を決定した。プジャは三七歳の眉目秀麗な青年官吏で、バリ島内でミスターの称号をもつ英語、ドイツ語、オランダ語などをあやつるインテリーである。そしてミウラ、稗方、プジャは行政統一のため三ヶ月に渡り全島をまわることになる。

三月二七日、金村部隊はシンガラジャに進駐し、それに伴いプジャはシンガラジャに移転し行政をつかさどることになった。

そのころから上陸後の混乱はおさまり、シンガラジャに置かれた軍政もしだいに機能すること

になる。

※

蘭領東印度に侵攻した日本軍は解放軍として現地で歓迎されたが、軍は当然のことながら軍政三原則をつらぬき、民族旗の掲揚とのちの国歌となるインドネシア・ラヤ歌うことを禁じた。これは独立の拒否であり、日本がインドネシアをオランダに代わって統治しようとした現れである。自らを解放軍として3A運動（アジアの光日本、アジアの母体日本、アジアの指導者日本）を展開したが、日本の本音は生命線である石油の確保であった。

占領地の支配区分は、一九四一（昭和一六）年一一月の占領地軍政実施に関する陸海軍中央協定によってすでに決定しており、バリは海軍の支配下にあった。

五月二七日、金村部隊と堀内部隊が交代となり、海軍二一根拠地隊堀内隊の要請でミウラは司令部付きとなる。その時、ミウラをセレベス島マカッサルに移動させ市長にしようとする軍部の動きがあったが、堀内司令官の「バリ人が動揺する」との判断でミウラはとどまっている。堀内は、ミウラがバリ人に信頼されていたことを知悉していたのである。

堀内は温情家で占領地の行政にはことのほか住民重視の姿勢

ジャカルタで行われた3A運動。

を貫いた。そんなことも影響したのであろう、ミウラと堀内は急接近し、堀内、ミウラ、プジャの三人は、軍政の徹底普及のためにバリ島八行政区を度々巡回している。住民は気軽にミウラに相談できることや、堀内がインドネシア語を話すようになり大いに喜んだという。おもしろいのは堀内が住民の前で話す演説の内容は、「食事の前に手をあらえ」「就寝前に足を洗え」という、きわめて単純な内容であったということである。

ご存知の方もあろうが、堀内は蘭領東印度攻略のため一九四一年一月、海軍落下傘部隊長としてセレベス島メナドに降下占領し、住民重視の軍政施策をとり住民から慕われたが、戦後戦犯として処刑されている。まさに占領地での善政が仇となった。堀内の部下をかばい、死を選んだ清さは、ミウラに通じるものがある。戦後、メナド市は堀内の功績をたたえ海の見える高台に彼の慰霊碑を建立している。

堀内とミウラが登山をしたときの記念写真。

※

一九四二（昭和一七）年八月、海軍地域の行政機構の改編により、セレベス島マカッサルに海軍民生部（以下民生部）が設立された。バリ島を担当したのは下部組織セラム民生部で一九四三年一月二三日からである。民生部の長官になったのが金沢出身で海軍司政官の越野菊雄で、ミウラは長官の顧問になり、自由な立場で住民のよき相談役として、軍とバリ住民とをつなぐパイプ役となった。

顧問としてのミウラの主な仕事は以下である。
一、バリ島における華僑経済からバリ人の自主経済組織への移行
二、各州の首長の監督
三、各首長に称号を用いることの許可
四、人頭税としての道路税の撤廃
このころのミウラは民政安定のため、月の大半は島内を巡り、デンパサールの家にいたのは一〇日ほどであった。

付け加えるとセラム民生部は一九四四（昭和一九）年一月に小スンダ民生部に改変している。小スンダとは、バリ、ロンボック、スンバワ、スンバ、フローレス、ティモールの各島々であり、小スンダ列島とよばれる地域である。

ミウラは戦争に翻弄される自身の人生をどう考えていたのであろうか。

セラム民生部前での記念写真、写真は海軍行政改正後の1943年1月頃と思われる。

八月一〇日の「三浦日記」。

「三十余年の南洋生活、この間、父上母上祖母上など故人に成られた方々がどのくらい真心を込めた祈りをもって、この身を護り神に念じてくださったであろう。その祈りが聞かれて我が日本帝国の領土となったこの地で思う存分働くことが出来た自分の幸福を考えると、感慨感激の念に燃えるので

ある。」

　問題は線を引いた部分の真意である。怒涛の勢いで進軍し再上陸したミウラが軍政三原則に感化されたとしてもおかしくはない。しかし、民心の把握や戦争遂行に必要な重要国防資源（石油）の確保が、日本の本音であることに気づいたミウラもいたはずである。働くことが出来た自分の幸福とはなんであろうか、過去形でつづったことも気になる、このころからミウラにとって本音をいえないもどかしさがあったのではないだろうか。

　ミウラのクリスチャンスピリットと現実との齟齬、日本帝国の領土なった蘭領東印度とアジアの開放（＝インドネシアの独立）という齟齬、私にはミウラの苦悩がこのころから見え隠れするのである。

牧師の子として生まれ清貧の中で育ったミウラの人格は、少青年期に形成される。巷は開国から日清、日露戦争を経て大正へと入り、ミウラは渡南の決意をする。このころから国内で南洋熱が高まりはじめる。

幼少期のミウラ（左）と兄・懿美

第2章

生い立ち

三浦襄の家系　*1996.8.10.～*

三浦襄（ミウラ）は一八八八（明治二一）年八月一〇日、東京都神田区猿楽町に父・宗三郎、母・恵子の次男として生まれた。宗三郎は日本基督《きりすと》教一致会の牧師であり、母は日本ではじめてのバプテスト派女性受洗者で、神に生涯つかえた人であった。

宗三郎は青森県弘前市の出身で一八五六（安政三）年に生まれている。宗三郎の生誕した年は平民宰相とよばれ凶弾に倒れた原敬が生まれ、時代的には安政の大獄が二年後、桜田門外の変が四年後、そして外国船が相次いで来航し国内で対外的な危機感が強まり、日米和親条約の締結などがあり、江戸時代という長い鎖国からめざめ揺れ動いた時代であった。明治に入り世は文明開化に染まり、新橋から日本初の鉄道が横浜まで敷かれると東京に西洋料理店などが増えた。宗三郎の経歴はおもしろく、彼は東京帝国大学医学部入学後、東京下谷練壁町教会の植村正久牧師から洗礼を受け、帝大の卒業を待たずして一致神学校（今の明治学院大学神学部）に入学し、卒業後伝道の道を歩んでいる。

恵子は一八六八（明治元）年に姫路藩江戸藩邸生まれた武士の家系であり、駿河台の英和女学校に学び、牧師の伯父・鳥山正心より洗礼を受けている。宗三郎は神学校在学中の一八八五年（明治一八年）恵子と結婚し、三年後に生まれたのが三浦裏である。

恵子は母・はまが外国人宣教師のヘルパーを勤め、幼少よりキリスト主義女子教育を受け当然の成り行きのようにクリスチャンとなるが、宗三郎がどのような生育暦であったかは明確でない。宗三郎がこの時代に東京に出て学問をなしえたことを考えると、宗三郎の家は弘前藩の士族、藩医、町医者あるいは江戸幕府側の下級武士であったのではないかと想像できる。

牧師の父、敬虔なクリスチャンの母との間に育ったミウラの価値観は、クリスチャン・スピリットとして彼を支え、生涯の羅針盤となる。そこをどう読み取るかも読者の興味をそそるところであろう。

1921（大正 10）年頃のミウラの家族。前列左から五男・直、父・宗三郎、母・恵子。後列左から四男・実、ミウラ

ミウラは七人兄妹であるが、兄懿美《よしみ》はミウラを育んだ家族について次のように述べている。

「牧師の収入は僅少《きんしょう》でありながらも、牧師としての体面を保ち、さらに貧者、貧困者を労《いた》わり、家庭の者が教会礼拝に欠席したる時は、もっとも機嫌が悪く、来客を好み、宣教師家庭で育ったためケーキやパンを焼く生活をし、経済的に困難な中にあっても、困難さに圧倒されるのではなく、牧師家庭の内実化を志向する家庭だった。そこには経済的にはともかく、社会的には一定の立場を保持した、いい意味での地方知識人の家庭があった」

宗三郎は、相馬、仙台、米沢、岩沼の教会で宣教し、一九〇〇年（明治三三年）五月、秋田教会に第四代牧師として着任している。そして町の信徒のみでなく大曲、土崎、能代などにも出向き伝道している。宗三郎が着任したときミウラは一二歳、感受性のもっとも鋭いときであり、眼病を患い東京の伯父・鳥山正心の家に寄宿し東大病院で治療を受け一年遅れて秋田中学に入学している。

鳥山はミウラの祖母はまの兄にあたり、バプテスト派でははじめての日本人牧師である。秋田に帰った裏は、兄の懿美と共に教会青年会のメンバーとして教会での奉仕活動などに参加している。

宗三郎が残した「三浦恵子追悼集」の中に、一家七人が山形県の米沢から宮城県の岩沼教会に転任した時の記述がある。それは山形県と福島県の県境板谷峠越えの壮絶な徒歩行だった。

「米沢から、板谷峠を越えて、岩沼に来た時の如きは、当時の状態を、写真にとったならば、誠にみすぼらしき、哀れな状態であったろう。段々山道に差しかかり、真闇な、長いトンネルの中を、焚松《ふんまつ》をとぼし、私と妻が少児を背に負い、徒歩で喘《あえ》ぎあえぎ来りしが、負われた信任（三男）は急に発熱いたせしば、山の宿屋にて、私共が介抱をなした（この時から信任は生涯其の熱を患らった。寒さの時は同じ熱を発した）この時妻は少しも狼狽せず、沈着に

落着いて、諸事を始末し、翌日また旅行を続けたのである。」

ミウラの少年期から青年期にかけての過酷な体験、牧師家庭の赤貧、そして眼病と首都東京での生活は、この時代の一地方の少年としては突出した体験であり、彼の南国における耐え忍ぶ開拓魂と寛容はこうして醸成されていったのである。ここはミウラを理解する上でしっかりおさえておきたい。

戦争と教会　*1940～*

ここでミウラが育った時代背景と少年期の具体的体験について検証したい。

いま鳴る時計は　八時半
あれに遅れりゃ　重営倉
今度の休みが　ないじゃない
放せ軍刀に　錆がつく
トコトットットットットッ

一九〇五（明治三八）年日露戦争の戦勝気分に沸く巷では、辛らつに当局を皮肉ったラッパ節が大流行した。日清戦争に勝ち遼東半島、台湾などを獲得し、さらに日露戦争では有色人種の小国日本が白人の大国に勝ったという有史以来前例のない事実が、アジア・アフリカの植民地下であえぐ人々を勇気付けた。今でも植民地から独立した国々の歴史記録の中にそのことが書かれている。ラッパ節はさらにつづく。

名誉　名誉と　おだて上げ
大事なせがれを　むざむざと
銃の餌食に　誰がした
もとのせがれに　して返せ
トコトットットット

このような歌が歌えたのだからまだおおらかな時代であったのだろうが、兵隊にとられた本人も家族もたまったものではない。そして与謝野晶子は詠う。

ああおとうとよ　君を泣く
君死にたもうことなかれ
末に生まれし君なれば
親のなさけはまさりしも
親は刃《やいば》をにぎらせて
人を殺せとおしえしや
人を殺して死ねよとて

二十四までをそだてしや

これは与謝野晶子が旅順口包囲軍の激戦の中にいる弟の身を案じてつくった詩であるが、戦争のむなしさをまざまざと感じさせる。戦勝気分に沸く巷での反戦歌としてとらえていいのであろう。

前述したようにラッパ節が作られた時代はまだまだおおらかな時代であったが、時を経た一九三六年（昭和一一）年の二・二六事件を契機として一九三八年に国家総動員法が公布されると一気に統制が強まっていく。

日露戦争の勝利は、列強諸国の日本に対する評価を高め、世界の一等国入りをはたしたが、戦死者八万四千人、戦傷者一四万人、この数をみれば戦争がいかに無益でむごたらしいかがわかる。そして時代の流れをみると、これがのちのちの太平洋戦争の序章になったとも考えられる。

宗三郎が宣教する秋田にも、戦傷者が帰還してきた。秋田教会の資料には、宗三郎が教会をあげ戦争負傷兵慰労会を催したとある。当時の様子をミウラの妹シズは「三浦裏の思い出」の中でこのように書いている。

「明治三十七年日露戦争勃発、市民は毎日のように出征軍人の見送りに多忙な日が続いた。国を挙げて不安の内にも戦勝を期し一丸となって戦わんとの戦争一色に世は覆われた。教会も平然とはしていられない。日ならずして傷病兵が次々に帰還するに当たり軽症の者、重症の者、その中で外出許され町をぶらつく兵卒を見るにおよび、教会が発起人となり軍と話し合い、町の有力者に協力を求め公会堂を会場に彼らを招いて慰労慰安会を催すこととなった。

教会一同が奉仕の精神に燃え祈りをもって万遺漏なきよう準備にととりかかった。特に少数の夫人達によってパン焼き機三台を据え三日間昼夜兼行パンと菓子を作り千人以上の人に供応せりという。―中略― その後捕虜となりて来たりしロシア兵幾組かあり、教会は何らかのかたちに於いて慰安したのである。彼らは異国に捕らわれ来たりしに粗暴な行いなど一切せず極めておとなしく紳士的なりしとあとまで人の語り草になっていた」

秋田教会の表玄関に「まよえる子羊たちへ」日露戦争負傷者慰安慰労会と添え書きした看板が立てられ、礼拝堂に賛美歌が流れる。宗三郎が平安を祈り負傷兵の一人一人をなぐさめていく、ミウラも牧師家族の一員としてかいがいしく働いたにちがいないが、負傷兵をみた彼の思いはなんだったのだろうか。情報が少ない中では当然戦争の不条理や非人間性、戦場の惨状は見えてこない。負傷者や捕虜に対して行う奉仕に満足しただけなのか、私は彼らへの奉仕をとおしてミウラが戦争と国の繁栄との矛盾にうすうす気づいていたような気がするのである。

多くの犠牲者を出した日露戦争であるが、キリスト教会側からの反戦論は見られず、のちの戦時大挙伝道に見られるように、むしろこの局面を伝道の機会ととらえていたようである。

もう少しミウラを育んだ秋田教会のことにふれたい。教会では伝道を目的として貧しい家の子どもたちを集め夜間学校を開いた。国語と漢文は宗三郎が教え、英語は恵子、そして数学は秋田警察に勤務する巡査部長が教え、保護者の関心は高く多くの子どもたちが通った。

また宗三郎は鉱山と精錬所のある約五百戸の阿仁合町に行き、毎日のように貧しい人たちを集め聖書勉強会を開き何人かの受洗者をだすが頓挫している。なぜ宣教活動は頓挫したのか、今となっては確かめるすべもないが、保守的な地方にあって教会が直面する神仏問題など、布教は大変に難しかったと想像できる。宗三郎の伝道はむしろ開拓伝道に近く、その後宗三郎はハワイ日本人教会へ転属している。

ここでも思われるのは多感なミウラへの影響である、貧民の救済、無償の行為などなど、人に享受させることの難しさ、それでも食い下がる父、やがてこの地での刀は折れるが、転進し開拓伝道をしようとする父の姿、私はこれ以上の人間教育はないように思える。すべてがミウラの血となり肉となっていったのである。

秋田教会の位置は、正式には講義所とよばれる教会の出先機関のようなものであった。

妹のシズは家族の生活を「教師や宗教家は低いところで満足し、体面崩さずしていかねばならず、裏はいわゆる赤貧洗うが如き中に育ってきた」といっている。

一年の眼病治療のあと秋田中学に入学したミウラは江戸弁をしゃべり、級友たちと打ちとけ慕われたようである。長い休学で遅れた勉強は、前述の夜間学校で教えていた秋田警察の巡査部長が教えたというからおもしろい。そのために週一回巡査部長の官舎に零下を下回る雪の日も白い息を吐きながら通った。ミウラの勤勉さときまじめさを伺うことができる。

寒い朝　*1903*

中学二年になるとミウラは自身の意志で家計を助けるために牛乳配達をはじめた。朝靄のまだあけやらぬうちに自転車に乗り家を出たミウラは、牛乳配給所に行き五リットル入りの牛乳輸送缶を荷台に乗せ、お得意先に向けて出ていった。

黒船来航から開国、明治維新、文明開化と西洋文化が入るにつれ、牛乳も庶民のものとなり、明治三年にブリキ製の牛乳輸送缶が輸入されるとさらに普及していった。明治の中ごろ一合（一八〇ミリリットル）の小型ブリキ牛乳缶もつくられ、配達人がそれを天秤棒にのせ配達した。ミウラの場合は秤売りである。

「ありがとう、いつも悪いね」

ミウラはお得意先から差し出される鍋に牛乳を入れた。

「すこし量が多すぎるんでないかい」

学生帽をかぶり校章も隠さず「はい、おいしい牛乳ですよ。はやく、元気になってください」といった。

当時、中学生がアルバイトをすることは恥ずべきことで、たとえしたとしても顔がわからないように顔全体を布で覆い目立たぬようにしていた。牛乳配達をするきっかけになったのは、当時東北学院に学んでいた兄・懿美《よしみ》が学院内の労働会に入り牛乳配達をしていたからで、ミウラに触発され数人の学生が牛乳配達をしている。

妹のシズはそんなミウラをこう語る。

「裏は貧しく病人がいると、その家には量を多くしておまけをいたしました。そしてお金持ちの家にはぎりぎりかすかすに入れていたのです。その行動は不公平のようですが、彼の性格を如実に現しています」

ミウラはキリスト教を受容しがたい地方で、布教する牧師・宗三郎の背を見ながら育ち、赤貧に近い生活を現実として受け入れ、失望や落胆の色を見せずやり遂げる強い精神力を、少年期から青年期にかけ培ったのである。ここにミウラの人としての原点があり、崇高なまでの生き様の原形があったのである。そして何よりミウラの心を寛容にし、許容性を持たせたのは、牧師の父を支えた母の存在であった。育ちのよさから来る品性と教養、それに勝る持ち前のユーモアーは厳しい生活の中にあって家族を支えていたのだった。

ミウラが宗三郎の手によって秋田教会で洗礼を受け、正式にクリスチャンとなったのは一九〇五年（明治三八年）三月六日のことである。

父・宗三郎はどのような人物であったのだろうか。宗三郎が勤めた米沢中央教会の百年史によると「三浦宗三郎は嫌われるような形で教会を辞した。ミウラが米沢を離れる日、米沢駅は三浦氏を見送る人々でいっぱいであった」と書かれ、米沢を去る時の評価が二分している。よくあることであるが、おそらく宗三郎は実直な好人であり、一般信者には愛されたが町の有力者などとは確執があったのではないかと想像される。いずれにしろ宗三郎が外地に雄飛することはミウラに大きな影響を与えたのは事実である。

※

一九〇五年（明治三八年）一一月、宗三郎がハワイ日本人教会へ転属すると、三浦一家は東京に移り、ミウラは明治学院普通部に編入学する。

明治学院の開祖は一八六三年にジェームス・カーティス・ヘボンが横浜に開いた「ヘボン塾」であり、のちに一致英和学校、英和予備校、東京一致神学校が合併して設立されたキリスト教主義（ミッションスクール）系大学の古い歴史をもつ学校である。
第一回卒業生の島崎藤村が作詞をした明治学院大学の校歌にはこうある。

人の世の若き生命《いのち》のあさぼらけ
学院の鐘は響きてわれひとの胸うつところ
白金の丘に根深く記念樹の立てるを見よや
緑葉は香ひあふれて青年《わかもの》の思ひを伝う
心せよ学びの友よ新しき時代《ときよ》は待てり
もろともに遠く望みておのがじし道を開かむ
霄あらば霄を窮めむ壌《つち》あらば壌にも活きむ
ああ行けたたかへ雄雄《おお》しかれ
眼さめよ起て畏るるなかれ

秋田という地方都市から東京に出たミウラは、良い意味でのカルチャーショックにおちいった。この時代、地方都市と東京では見るもの聞くものがあまりに違ったのである。校歌にある「ああ行けたたかへ雄雄しかれ　眼さめよ起て畏るるなかれ」に漠然としたなにかをミウラは感じていた。それは具体性を欠いた海外雄飛であった。
三浦一家が移り住んだのは、残された資料に「自宅の前は陸海軍火薬庫があった」とあることから、東京都港区白金台にある自然教育園の近辺であると思われる。

取材のため筆者はこの地に足を運んだが、大都会の中にある自然はまるで東京のオアシスのようであった。近くに明治学院大学、そして国の重要文化財に指定されたインブリー館などがあるが周囲はいわゆる住宅街である。

ここからミウラは明治学院に、そして兄・懿美は早稲田大学に通った。

しかし宗三郎が海外赴任したといっても、現在のように在勤手当や国内給与が出ているわけではなく、牧師のわずかな仕送りではとうてい家族は満足のいく生活はできなかった。まさにミウラの家族にとって困窮の時代といってよく、宗三郎のいない家を守る恵子は学生に英語を教えることで家計をささえたが、一時は食料品の支払いさえとどこうる始末だった。

このころのミウラは、かすりの着物に丸刈りに丸いめがねをかけた姿で頻繁に貸本屋などに出入りし、文学書から語学書まで貪欲に読んだ。

若さみなぎる明治学院時代のミウラ（前列左）。

ミウラはなぜ家庭の窮状に押しつぶされることなく、自分を見出していけたのだろうか。それは牧師の父を支えた母の姿を目のあたりにした、つまり家族の絆、心と心が、キリスト教という宗教をとおしてつながっていたからである。彼が物質や一過性の享楽に翻弄されることなく、少年期、青年期を過ごせたのはとりもなおさず父母の教えであり、強い正義感と慈悲に満ちた人間性はこの時期に形成されたのである。

筆者だったら貧しさを嘆き、金持ちをねたみ、自暴自棄になり、よからぬ遊びにふけり、悪事を他人のせいにして人生の裏街道を歩いたかもしれない。

※

ラッパ節に代表される日露戦争後の巷の様子は前述したが、日本は戦争に勝利し朝鮮半島や台湾は手に入れたものの抗日抵抗運動は激しく、その上、ロシアから賠償金を引き出すことができず、戦費がかさみ戦力は限界に達した。軍事費の増大は増税を招き国民の暮らしも日々悪くなり、国策として朝鮮、満州、中国大陸などへの進出をはかる動きがあり、民間でもわずかであるが東南アジア島嶼部への貿易・移民を試みる動きがあった。いわゆる無告の民の流出である。

そんな時代背景の中で多感なミウラはなにをなすべきか悩んだ。父母を助け、父のような牧師になり、海外に雄飛したいとも思った。老いた祖母、そして一身に神に身を捧げる父母、いま自分にできることは父母を経済的に助けることであるが、学生の身でなにができよう。そんなときミウラに南洋行きの話が舞い込んだのである。

蘭領東印度（インドネシア）との出会い　*1908～*

一九〇八年（明治四一年）秋、白金台の空はすっきりと澄み渡りさわやかな風がふいている。

ある日、ミウラの家を日本基督教会の植村正久が訪れた。植村は幕臣の生まれであるが英学を修め、東京一致神学校に学び、日本基督教団富士見教会、東京神学社（現・東京神学大学）を設立した人物で、明治学院の教授も勤めていた。植村と三浦家の関係は、植村の娘が宗三郎を「宗三郎おじさん」とよぶほどに親しく、留守宅の相談役が植村だった。

その日、小さな上がり框で植村に対応したのは母・恵子である。

「三浦さん、今日は少し話があってまいりました。じつは富士見教会の教会員である南洋商会の堤林数衛さんが、志操堅実で品性優秀な若者を探しています」

「南洋商会の堤林さん？」

恵子は植村を見ると怪訝な顔をした。

「そうです事業家の堤林数衛さんです。堤林さんは、戦争後日本の権益が海外に拡大されたこともあって、これを機に南洋に進出し商売と伝道をかねた事業を展開しようとしています。そのため意気軒昂な若い同行有志を募っているというわけです。日本のキリスト教会も植民地伝道を少しずつはじめました。私は以前から海外ミッションからの自立を主張していますが、堤林氏の商売もそれを意味しています。私が四年前の日本基督教大会で、教会の経済的自立を目指し『独立自給議案』を提出し、可決され、東京神学社をつくったのもそのためです。いま教会は自立しようとしています」

海外事情に詳しくない恵子に植村の話は難しかったが、懸命に耳を傾けた。そして海外の商売と私と何が関係あるのだろうと不思議に思った。植村の話はつづいた

「どうでしょう、堤林さんの同行者として裏君を彼のところに預けては……」

「え！　なんと？」

「堤林さんの同行者として襄君を彼のところに預けてはといいました」

「懿美でなくて、襄ですか」

「そうです、彼でしたら申し分ありません。私は明治学院や教会で彼を見ています。彼の許容性と好奇心、そして人間性は、堤林さんの求める志操堅実、品性優秀な若者のそのものです。どうですか、お母さん」

恵子は無言のまま玄関戸の方角に目をやった。そして「お茶を入れますから」というと奥に下がり、しばらくすると丸盆にのせた茶をもって植村にさし出した。宗三郎そして襄までがいなくなる、そう考えるとさみしさが増した。南洋とはどんなところだろうか、命の保障はあるのだろうか、恵子の胸に不安だけが錯綜した。恵子が口をひらいた。

「南洋のどこなのでしょうか」

「そうそう場所をいいませんでしたね、ジャワです」

「ジャワですか……でも、襄はまだ学業が残っていますから……」

「そうですか、大事なことですから家族で話し合い後日ご返事をください」

そういうと植村は深々と頭を下げ帰っていった。

植村はミウラの人間性をたたえているが、当時、家族はミウラをどう見ていたのだろうか。妹シズはミウラをこう見ている。


「兄は一面非常に無邪気で明るく子どもっぽいところがあり、弟妹たちを相手ににぎやかにはしゃいでみたり、食事のときは早く来て座るやいなや軍艦マーチなどを歌いながら端から端に置いてある、みんなの茶碗をたたきながら待っていた。―中略― 誰も居らず一人になるときがあれば、いかにも真剣に何かを深く考えているまじめさがあった」

青年期にありがちな快活と苦悩、無邪気さと生真面目さと結論づければそうなのかもしれないが、たしかにこの時代ミウラはなにかをさがしもとめていた。それは自身も明確にはわからなかったのではないだろうか。青年期とはそんなものである。ただ両親を楽にさせてやりたかったことだけはまちがいなかった。

※

さて恵子はミウラに植村の趣旨をどう伝えたのであろうか。そのときの状況を、シズは「三浦襄の思い出」のなかで書いている。ただシズはその場にはいなかったようである。

「夕になり、母は長男と襄との前にて植村先生のお話の趣旨を伝え慎重に語り合いをしたであろう。しばらくして襄は『僕は行くよ』と早々に決意を表している。兄は、『しかし大変だぞ！』と反省を促している。母は黙して祈りの姿勢！襄のこの即答は、はたから見れば年若くして世間を知らぬ者の言としか受け取らないであろう。しかしながらふだんの彼

堤林と南洋に行く直前のミウラ（後列中央）。この写真が明治学院普通部の卒業写真となる。

をよく知っているものであればそうとは言えないのではなかろうか。彼は二つの異なった面をもっていたからである」

二つの面とは、前述の無邪気さと生真面目さのことである。後者の中にミウラの海外雄飛の決断を見ることができるが、筆者から見ればシズがいうように、年若くして世間を知らず、実に危うく思えるのである。しかし、赤貧洗うごとき環境でそだったミウラの心のなかに、父母を助けることにより自身も伝道に参加できるという思いがあったのも事実である。

植村は名の知れた伝道者であり、聖書の中核である福音に努める彼の姿がミウラを後押した、つまり先生がいうのなら、と思っても不思議ではない。明日は雨か晴れか知る由もなくであるが、ここでミウラの決断がなければ「パパ・バリ」とよばれる人生もない。ミウラの人生で最大の決断であった。

ただ特筆すべきことは、植村の教会と堤林の南洋商会の関係は、教会としての組織的な活動ではなく、ときた

岡野繁蔵が渡南した頃のバタビア（現・ジャカルタ）。

ま富士見教会に堤林が来ていたという人間的なつながりにすぎなかったということである。

兄懿美はミウラの渡航を心配していたが、それでは当時の日本人の南洋観はどんなものであったのだろうか。

一九一四（大正三）年にジャワに渡った岡野繁蔵は「南洋の生活記録」の中でこう書いている。

「南洋といえば、年中温度が百度以上、疫癘瘴癘《えきれいしょうらい》の集熱地獄で、象、虎、豹などの猛獣をはじめ、鰐、蛇、毒蛇などが至る所に棲み、また、恐ろしい食人種が、そんじょそこらに、うようよしておるように思われていた。……従って、私なども内地を発つ時には、友人知己への挨拶状に、南洋を現す言葉として、炎天集熱、疫癘瘴癘、瘴烟蠻雨、未開野蛮などと、最大級の字句を書連ねて送ったものである」

温度が百度以上とあるのは華氏のことであろう、摂氏に換算すると三七、八である。南洋は地獄でありそこには人食い族もいる、兄懿美が心配するのも納得できる。あるいは「からゆきさん」に代表されるドロップアウトした無告の民の悪い印象もあったのかも知れない。もっとも私も仕事の関係で一九八二年にジャカルタに赴任する前、インドネシアの人々は高床式住居に住み、周辺にはトラが出没すると思っていたのだから人のことは笑えない。

日本人の南進の契機は、一九一〇（明治四三）年に刊行され爆発的なブームをよんだ「南へ南へ」ではじまる竹越與三郎の「南国記」であるが、実際に南進熱が高まったのは、日本が第一次大戦で戦勝国となり南方地域の利権を得てからである。国策としての南進は、そのころからはじまり太平洋戦争まで次第に加速度をあげていった。南方への進出を簡単に南進というが、「南進」は前述のように国策的なものをさし、三浦襄のような無告の民は「南方関与」と言いわれる。

ミウラがジャワに渡った頃の日本人行商姿。写真は仙台出身の大友信太郎。後にミウラの三女・久子は、大友からピアノを譲り受ける。戦後、久子はピアノを教えることによって家計を助ける。

第3章

南進、挫折そして南海の楽園

南洋商会　*1909. winter*

いよいよミウラ（三浦襄）の海外雄飛だが、ここで意気軒昂な一五人の若者をジャワに引き連れていった堤林についてふれておきたい。

堤林数衛は一八七三（明治六）年、山形県新庄藩の没落士族の家に生まれ、貧困のなかで青年期をおくっている。その後台湾に渡り実業家として財をなす、その間中国大陸、南洋諸島まで足をのばし、「伝道と商売」の地として選んだのが蘭領東印度であった。

彼の提唱する「伝道と商売」は、神に仕え、伝道を施し、商売の成果をあげる、という実現がきわめてむずかしいものであった。兄・懿美の「大変だぞ！」という指摘の根拠もそこにあったのである。

おそらく懿美は父・宗三郎の秋田、米沢、ハワイという異文化での伝道の難しさを見聞きし、困難さを知悉していたのであろう。

行商姿の堤林数衛。明治42（1909）年頃。

ミウラは多感な青春期にあって、僕も頑張る、それがたとえ茨の道であっても、父母の恩に報えることができるならば、と考えたにちがいない。まさに清水の舞台から飛び降りる覚悟、それが三浦襄という男である。

明治学院を中退したミウラは南洋商会に入ると、堤林から南洋における異文化、気候風土、民族のちがいなどを学んだ。そして一九〇九（明治四二）年二月、渡南を前にして南洋商会の一五人のメンバーは、商売のコツと忍耐力を養うために、化粧品や雑貨類を入れた大きな包みを背負い行商しながら東海道を西下した。

この時のメンバーは、三浦襄、坂本益雄、和田民治、富増三男、原田薫二、林省三、大関六郎、長谷、阿部、小林、武雄、浜田茂一、沢辺磨嵯男、鈴木理一郎、阿部喜一郎であるが、浜田以降は資料をもとにした推測の域をでない。いずれにしろ教会関係や堤林の故郷である山形県出身者であった。

南洋商会一行が静かな出湯の町御殿場に着いたのは、二月下旬のことである。その日、群青の空に冠雪した富士山が優美な姿を見せていた。

御殿場は、一九三四（昭和九）年丹那トンネルができるまでは、国府津—御殿場—沼津間は東海道線の一部であり、今ではなつかしいスイッチバック式の駅であった。

春がそこまで来ているとはいえまだ朝夕の冷え込みは厳しい。湯治客は白い息を吐き浴衣姿で走り行った。ミウラは一軒の温泉旅館に入ると身分を明かし軒下を借りて大きな包みを背からおろすと商品をならべた。そして行き交う人々に声をかけた。

「この化粧品は自然の草木からエキスを抽出したもので、お肌になじみすべすべしたお肌をつくります。ぜひともお試しください」

ミウラの穏やかだが説得力のある言葉に湯治客は立ち止まり聞いた。やはり湯治場である、湯上り効果も宣伝すると化粧品はよく売れた。はじめて商品を売ったときの喜びは何にもまさりうれしかった。そして箸、おわんといった雑貨類も少しずつではあるが売れたが順風満帆なときばかりではなかった。行商が商売の邪魔だとなじられ、また客にひやかされ商品がまったく売れない日もあった。ミウラが商売のこつを学び、東京に戻ったのは一ヶ月後の三月上旬のことである。

ミウラの南進　*1909.4.*

一九〇九（明治四二）年四月一〇日、横浜港に大型貨物客船神奈川丸が黒い煙をはき横付けされていた。桟橋付近に淡紅色の桜の花弁《はなびら》が、まるで別れを惜しむかのごとく散っている。風に揺れる青や黄色のテープ、すでに神奈川丸のデッキに乗船客が乗り込み、埠頭で別れを告げる人々に手をふっている、その中に南洋商会の一行もいた。すでに新橋駅で富士見教会の信者や家族、関係者が集まり送別祈祷会をおこなったが家族のほとんどが横浜港まで随行してきた。その中に心配そうにわが子を見つめる母・恵子の姿があった。夫は宣教師として米国ハワイに赴任し、次男・襄はいま南寧の地に旅立とうとしている、胸中は複雑だった。

恵子は、新橋駅でミウラに近づくと耳元でいった。

「体だけは大切にね、お父さんには私から手紙を書いておくから、無理をしないで……」

別れのテープの何本かが風に揺れ切れた。

「げんきでな」

「体に気をつけろ」

「六郎！」

「民治！」

見送り客の声が風に流され消えた。

「ボー」

神奈川丸の大きな汽笛音があたりにひびくと、行く人、見送る人のさけぶ声がさらに大きくなった。

「げんきでやれよ！」

船はゆるやかに岸壁を離れると、人と人をつないでいたテープは風にゆれ宙で伸びきり風に舞った、そして船影はしだいに小さくなり水平線の彼方へと消えていった。

恵子は岸壁に立ちわが子の乗った船を最後まで見送った。ぬぐってもぬぐってもほほをつたわる涙、宗三郎がハワイに宣教に出てから四年の間、秋田そして東京とわが子をそだて家を守ってきた、神に守られ気丈な自分だとは思っていたが、家族が一人いなくなりまた一人と櫛の歯が抜けるように去っていく、それが人生とはいうものの涙が止まらなかった。恵子は何度も何度も小さな声で「神のお加護を…」とつぶやいた。

神奈川丸が東京湾から大海原に出ても、ミウラの目の中に母・恵子が岸壁にたたずむ姿が焼きつき離れなかった。ともに暮らした年月、母の愛、そして別れぎわの母の顔、つたわる涙、ミウラは一人大海原を見つめ嗚咽した。宣教師の妻としての母は苦労の連続だった。その母に自分は何ができたのだろうかと思うと、もう一度は母を抱きしめたいと思った。

神奈川丸は快晴の海原を南下し門司港に着くと、荷作業のため三日間停泊した。その間も一行は、荷を背負い下船し行商へと精を出した。さらに船が南下し、上海、香港、シンガポールと停泊するたびに一行は商いに精を出し、利益の一部は彼らの渡航費用にあてられた。

一行がジャワ島スマランに着いたのは五月一三日、約一ヶ月をかけての船旅であった。

ジャワ島スマランの南洋商会

スマランはインドネシア中部ジャワ州の州都で、今ではインドネシア五大都市の一つである。バタビア（現・ジャカルタ）やスラバヤに比べると地勢的に恵まれながらも、遠浅のため艦船は沖あいに停泊し、貨客ともにはしけを利用するしかなかった。しかしジャワ島の中央沃地に位置したスマランは、コーヒー、ココア、タピオカなどの農産物に恵まれ、蘭領東印度政庁が一九世紀に鉄道を敷設すると農産物は世界市場へと輸出されていった。付け加えると中部ジャワの三大作物とよばれるのはインディゴ（藍の染料）、コーヒー、サトウキビである。

当時のインドネシア在住者の様子をジャガタラ閑話から拾うと「日本人の南進の先駆者は、遺憾ながら可憐な娘子軍《じょうしぐん》であって、これに続いた男子は賭博本業の吹矢であった」とある。背景には農村の貧困があり長崎港から、体を売ることを目的とした若い娘たちが南を目指したのだった。いわゆるからゆきさんとよばれる女性たちである。

一九一〇（明治四三）年五月の「福岡日報」に、シンガポールの日本人娼館についての記述がある。

スマランのジョホール市場付近

「九時頃より有名なマライ街を観る。家は洋館にして、青く塗りたる軒端にⅠ、Ⅱ、Ⅲのローマ数字を現わしたる赤きガス灯をかけ、軒の下には椅子あり、異類異形の姿なる妙齢のわが不幸なる姉妹これに依りて、数百人もしれず居並び…」

このような不幸な女性がたくさん南洋にいたのである。

※

南洋商会の一行が、スマラン市内アロー街の借家から行商に出たのはスラバヤに着いた翌日のことだった。卓一脚で異国の町に立ち行商する姿は、たとえ伝道をかねているといえども厳しいものであった。

堤林がこの地を選んだのは、すでに彼自身が何回か訪れ日本製品がジャワに適していること、人情、風俗、宗教などの文化的背景が日本に似ていることなどから、現地にとけこみやすいと考えたのである。宗教的に考えれば蘭領東印度はイスラム教ではあるが、地方に行けば行くほど土着の宗教と混在し日本的であった。また中国やインド商人がすでに進出してはいるものの、市場としての開発余地は十分に残されていたのである。日本人に対しての法的保護が得られ、一九〇九（明治四二）年二月バタビアに日本領事館が開設されると、海外渡航や出店が容易となったこともその要因である。

堤林の特筆すべき点は規律を異様なほどに好み、南洋商会の一行を朝から晩まで厳しく管理指導したことである。当時の「堤林日記」には以下のことが記されている

1　午前六時迄起床　七時迄礼拝食事私用の一切を済ますこと
2　午前七時開店　午後九時閉店　途中正午より一時間半の休憩と私的時間とする
3　業務以外に於いて共同的にして上下なく真の兄弟たる誠情を表すこと
4　教会教友家族友人の通信を勉むること
5　可成集会を開き精神の修養に信仰の向上を期すること

この就業規則は抜粋したものであり実際には二四項目からなり、徹底的に規律主義を貫こうとしたことがうかがえる。内容は、起床、礼拝、勤務時間、決議録、休息、命令服従、人間関係、責任、努力、私的通信、職務、会計、賞罰、過失、会議、修養進行、退会不許可、業績、宿泊規則、献金、送金、品行、秘守義務、正直、病気、棚卸、人間関係と実に細かい。

日記をさらに読み進めると「衣類書籍一切の置き場を作り炊事の方法を立て軍隊的に一切律す」とある。こうみると徹底的に青年たちを拘束し、軍隊的な上命下達の関係においたことがわかる。

それに反して堤林は一五人の関係を、上下なく真の兄弟といい、一行を基本的にはキリスト教の兄弟愛に基づいた同士的存在としている。さらに「地域に根をおろし、過ちを犯すことは祖国

日本を傷つけることである」ともいい、日本人としての自覚を強く持ち、自身の背中には日の丸の旗があるともいっている。

つまり、堤林の独自の世界観が異常なまでの就業規則を設けたと考えられる。その根底には日露戦争後一等国の仲間入りをした日本人は、品性高く少しの過ちもしてはならぬ、という精神的な高まりがあつたと推測できる。

とはいえミウラがはじめての南洋経験で、強い祖国愛と責任感、灼熱の太陽の下で苦難に耐える忍耐力を培ったのも事実である。

私は南洋商会の「伝道と商売」、つまり信仰と金儲けは相反するように覚えてならない。考えられるとすれば精神的な支えである伝道がもとにあり、その支えのうえで商売が成り立つと考えたい。

また異国で商売をするうえでの言語の問題であるが、一行が渡航したころジャワではオランダ語、マライ語、ジャワ語そしてスンダ語などが使われていた。おそらく一行はジャワ語中心で商売をしたのであろうが、一五人の若者の辛苦が手にとるようにわかる。インドネシア語が母国語として普及したのは太平洋戦争後のことである。

スマランの空そして堤林との決別　*1909.12.*

遠くメラピ山を見渡せる田園をさわやかな風がふいている。口ひげを蓄え、釦つきの白い詰襟に、白いヘルメットをかぶったミウラが荷物をあぜ道に置き休んでいる。荷の中は売薬と雑貨類が主である。スマランに来て三ヶ月余り、まだまだ現地の気候になれたとはいえない。スコールの後は涼風が吹き一時の心地よさを感じるが、スコールが来るまでは灼熱の太陽が照りつけ荷は肩に食い込む、異国の空をみつめ言葉もままならぬ中で汗と埃《ほこり》にまみれ町や村を歩いた。売り上げをあげるために心血を注ぎ込み歩いた、心身が疲弊していく、南国の空の下にいるのは、伝道どころか疲れ果て目標を失った哀れとも思える自分の姿だった。

ミウラは時間の経過とともに、堤林の提唱する日常の神に対する信仰と謝恩の度合いが営業実績に反映する、という考えに疑問をもった。いくら神に謝恩を施そうとも、商品が売れないときは売れないのである。商品の売れ具合は、むしろ個人の商才と運によるものだということは経験すればわかることだった。そして堤林の異教徒に対する無関心と蔑視感は、父母の伝道を見てきたミウラにさらに疑問をいだかせた。

異国での過酷な労働、不慣れな環境、当然といえるように不調を訴える仲間が出るなかで三人が病死する。ミウラと同じ教会籍の大関六郎もそのうちのひとりだった。

牧師の父とそれを支えた母の姿を見て育ったミウラは、少しでも父の伝道を手伝いたいと願い「南進」した本物のキリスト者であり、自身の信仰を疑うことはなかった。理不尽な仲間の死、それは堤林との決別を意味していた。

スマラン市内のトコ・ジャパン（日本人の店）。昭和初期と思われる。

スマランの町を照りつけていた太陽が沈み、ふたたび町が静けさを取り戻す。アロー街にあるオランダ様式の建物の白壁の上をチィチャ（イモリ）がはっている。壁には雨漏りでできた無数のあとが茶色の線となり、まるで地図のようだ。上部が日本だとすれば下にある小さなシミが蘭領東印度で周辺にある無数の点が島なのだろうか。

※

堤林のキリスト教信仰は南進という中で商売をする功利的なものであって、伝道はどうでもいいのではないか。時たま富士見教会と出会い、人生を模索し、結果的に伝道と商売を組みあわせたが、彼にとってキリスト教である必然性はないのではなかろうか。若者たちを同志的結合に導くべく厳格に指導した、確かに禁欲や自己への戒めは必要なことであるが、その結果が仲間三人の死だった。純粋なミウラが疑念を抱くのは当然である。この伝道に何の意味があるのだろうか。確かに堤林の信仰は、直感的かつ観念的な信仰で、自らと他者とを厳しく律するもので、信仰的なエトス（性格・習性など個人の持続的な特性）によって現実とかかわるものだった。

ミウラが堤林に疑念を持ったように、堤林はキリスト教に入信するまでに、断食、読書、山ごもりの荒行などの経験があり、神秘的な宗教への興味もあったようである。そして晩年は禅に傾注し、曹洞宗鶴見総持寺から戒名をもらっている。堤林の信仰は自己を律するためのものでありキリスト教である必然性はなかったようだ。そこに一神教でない日本人の宗教観が見え隠れする。

将来ある青年を集め厳しく指導し伝道と商売に精魂を入れさせた堤林だったが、ミウラは彼の宗教観を見抜いたようだ。堤林は人生の一時期をキリスト教と出会い去っていった人間だったの

である。そこに日本人とキリスト教のむずかしさがあった。

三浦商会の坂本益雄もまた堤林のいう伝道と商売に疑念をいだいていた一人である。日本製品は物珍しさも手伝いよく売れたが、聖書にある福音を重んじる彼にとってこの地での伝道はむずかしく精神的な充足感がない。しかも尊い仲間三人の命が失われた、自分はこの南溟の地になにをしにきたのだろうか、と思ったのである。

日本を出て八ヶ月後の一二月、ミウラを含めた五人は何回かの会合の末、南洋商会を退会し、ミウラ、坂本を除いた三名が帰国の途についた。

この別離ついて堤林は後に自伝の中で「彼らを指導したが十分な指導にいたらなかったのは遺憾であり、そして多くの点で意見の一致をみたが、時間の経過とともに一致することを期待している」と書いている。さらに堤林が書いた日記にはミウラのことを「世辞功になりし事酒飲むこと大言壮図を軽く話す信仰落ち行く様見へて之を悲しむ」と書き、さらに「滅びつつある三浦、坂本」と書いている。しかしキリスト者の家庭に生まれ、キリストの福音とともに生きてきたミウラの生育歴を考えると堤林が書いていることは疑わしい。ましてや世辞や大言壮図がミウラに言えたであろうか、ミウラの信仰が落ち行くであろうか、堤林自身がミウラのことを信仰落ち行くと書くほどの信仰心をもっていたのだろうか、と疑念がわくのである。

堤林の疑念を解く鍵として、次のようなものがあるので紹介したい。

南洋商会の仲間三人の死は前述したが、母・恵子が亡くなったときの追悼文集「三浦恵子」に大関チカ子が一文を載せている。チカ子は亡くなった三人の仲間のうちの一人大関六郎の母で富士見教会の会員である。

「倅六郎が南国に参りまして、不幸に逢いし前後の奥様の御親切に、今更感謝に堪えません。その後御親切の模様を、書かんとすれば、重に倅六郎の事を書くようになり、断腸の思いに堪えません。第一、あちらに参り、一ヶ月たちても、二ヶ月たちても手紙が来ず、一同心配していました時、教会で祈会を開いて下さった時、船尾様が司会で、賛美歌二三五番を選みて、一同祈を献げてくださいました。その時、帰路拙宅にお寄り下さって、船尾様にも又二三五番の歌を御選みなし下さった位、御同情下さって、慰めて下さいました後、十日過ぎて、襄様の手紙が、貴方の元にも届きましたとて、夫れを、持って来て慰めてくださいました。六郎が時候も安着の葉書も、よこされなかったのは、葉書の代も会社で渡さないのだとの事、実に、言語に堪えてしまいました。」

文中の「六郎が時候も~」以降には厳しい就業規則というより、堤林のヒューマニズムの欠如を感じさせる。また三郎の死の数年後、遺骨はミウラの手によってチカ子のもとに届けられている。おわかりのように、大関チカ子の一文から「信仰落ち行く」三浦襄像はどうしてもえがけないのである。

付け加えると、大関チカ子は一八八六（明治一九）年、日本にはじめて設けられた看護婦講習所に五人の生徒とともに入学し、卒業後は東京帝国大学病院に入り看護婦長を務めた日本ではじめての看護士であった。

その後、南洋商会はどうなったのか。

ミウラが去ったあと南洋商会は設立の趣旨であった伝道の看板をおろし、堤林は経営者、青年たちは使用人という立場になり、一九一八（大正七）年ころには、華南銀行、南洋倉庫を設立するなど大きく成長した。当時の社員数は一二七人である。日本の南進を近代的商法で効率よく収めたが、その後の世界不況と自ら挑んだ農園経営に堤林は失敗し、一九二八（昭和三）年に商会は解散した。

結局、当初の目的の伝道と商売は貫徹されず、ミウラたちが疑念をもったことが現実となったのである。最後まで堤林についていったのは原田薫二と林省三でのちに南洋商会の重役になっている。

ミウラの南洋への原点は、南洋商会の経験であり、この経験からミウラは、永く永住し、住民を愛し、住民から愛され、住民の中に溶け込むことが重要だと考えるようになる。

セレベス島（現スラウェシ島）マカッサル　*1925〜*

南洋商会と袂をわかったとはいえ一度えがいた南洋への夢である、そうやすやすと捨てられるものではなかった。父母を支援したいという真摯な思い、それを父母は期待してはいないだろうが、ミウラにとっては父母との約束である。たった八ヶ月の南洋商会の経験は、ミウラを事業家へと大きく変貌させた。彼は新たな事業の夢をえがき、バリ島、ロンボック島、スンバワ島、セ

ミウラが堤林と決別した2年後（1911年）のスマラン邦人の集い。前列左より2人目、堤林。2列目ヘルメット姿、林省三。

レベス島などをおとずれ市場調査をし帰国すると、一九一二（大正元）年、ミウラは待望の自分の店である雑貨商「三浦商店」をセレベス島マカッサルに開いたのだった。

当時のマカッサル日本人会要覧を見ると、商社一、雑貨商二、旅館一、コーヒー店六とあり、河原商店そして「三浦商店」の名が記されている。店が順調に動きだした一九一六（大正五）年、ミウラは二七歳のときに日本に帰国し、父・宗三郎の司式により、東京出身の目沢民子と結婚する。そして教会関係者の温かい祝福に見送られ、新居となるマカッサルに赴く。

妹シズの残した「三浦襄の生涯」によると、マカッサルに到着後「タイヤ修理、部分品などは青年に任せ、雑貨販売は妻の仕事とし、親切、正直、忍耐をモットーとし励み、店は順調であり、家庭は幸福だった」とある。モットーとなる三語にミウラの人となりを感じることができる。

翌年、長男の俊雄が生まれると家族は一時帰国し、寒川神社の祭礼「御浜下り」で有名な千葉県寒川村に下宿している。宗三郎が宣教していた九十九里教会が近くの松尾町にあった関係である。そして一九二一年に長女・裕子が生まれると妻子はミウラの父母と同居し、父母の寵愛を受けている。民子は一年半の南洋生活の中でマカッサルには二度行っている。二四年に次女・道子が日本で誕生している。

余談になるが、九十九里教会は、すでに没落してしまった筆者の母の実家近くにある。一八八七年（明治二〇）教会の建設に際して、母の実家からも寄付金がなされたと聞いたことがある。何かミウラとの深い縁を感じさせるから不思議である。

1922年4月の東部ジャワ、ブリタール南洋商会支店の大売出し。

※

一九一八（大正七）年、ミウラは佐渡市出身の鶴間春二と二年の設立準備期間を費やしマカッサルに「日印貿易商会」を設立する。

鶴間は佐渡中学出身で（現・佐渡高校）、ときの校長・柏倉一徳の「南洋佐渡村構想」に刺激を受け、ミウラが渡南した一年後、後輩の小田艶吉とともにバタビア経由でマカッサルに入るが、小田は現地で薬殺される。当時の資料をみると南進した人たちの中には、風土病、心身衰弱、デング熱など、そして小田のようなケースで命をおとしている者も多い。

二人の接点は、東京富士見町教会員で、のちに佐渡中学の教師になる常葉金太郎、あるいは牧師として佐渡教会に赴任した高野久野と思われる。

南洋佐渡村構想を抱く鶴間と事業家を夢見るミウラ。二人の夢は大きくふくらみ、第一次世界大戦後の好景気の追い風を受け商売は順風満帆に進み、日印貿易商会はセレベス島北部のマナド、トモホンなどに四支店をもつにいたる。業務内容は、通商貿易、栽培農業、製油、採鉱、造船などの各分野で手広く行っていた。資本金一二〇万、株式二万四千株で出発した日印貿易商会は、当時進出していた三菱などの財閥系は別として個人の商社としては

マカッサル時代のミウラの家族。

かなりのものであった。当時、ミウラは会員数約一四〇名の日本人会・会長になっていることから、在留邦人に信頼されていたことがわかる。

そのころのマカッサルには大阪商船、南洋郵船などの定期船が寄航し、両海運会社の支店がマカッサルにあり駐在員もいた。神戸や下関から来る定期船は、香港、シンガポール、バタビア（現・ジャカルタ）などを経由し、故郷日本からの物資と香りを満載していた。在留邦人にとって定期船の寄港は大きな支えだったのである。

僚友の死　*1911*

「ツルマ　シス　ハヤク　カエレ」

一九二一（大正一〇）年ミウラがマカッサルから帰国中、鶴間春二の死がマカッサル日本人会からの電報によってもたされた。電報をにぎるミウラの手がこきざみに震えた。そして天を仰ぐとガクッとうなだれた。

おどろいたのは三ヶ月になる長女・祐子を抱いた民子である。電報は続いた。

「ソウギ　ハ　スマシタ　アトノ　シジヲタノム」

民子はミウラから電報を受け取ると「鶴間さんが！」と絶句した。ミウラの眼前は暗くなり「あ〜！」といいとひざをおった。しばらく時が経過した。気を取り戻した。脳裏に日印貿易商会の社屋が浮かんだ。鶴間春二が死んだ、南洋に日本人が住める理想郷をつくろうと夢を語った鶴間が死んだ、現地の状況はわからないが彼が死んだのは事実だ、明らかに二人でえがいた何かが崩れようとしていた。

電報には「ソウギ　ハ　スマシタ」とある。遠いマカッサル、今何ができよう、「シジヲタノム」ともある。ミウラは電信局に走ると日印貿易商会に電報を打った。それは鶴間への弔辞、社員への指示、そして、明日にでもマカッサルに戻るという内容だった。一刻も早く現状を把握しなければならない、それにしてもあまりにもマカッサルは遠いのである。これからというときミウラは　僚友であり、よき共同経営者だった鶴間を亡くしたのである。

※

二〇〇九年八月、私は取材のためマカッサルの地にたった。ロサリ海岸の椰子の木間からマカッサル湾をのぞむと、水平線のかなたに真紅の太陽が円をえがいていた。世界で一番美しいといわれる夕日だ。香辛料やコーヒーを載せた大小の輸送船が海面を影絵のように行き来している。

蘭領東印度時代のロッテルダム要塞を右におれ、ロサリ海岸に沿って延びるスラマット・リヤディ通りに出ると、往時をしのばせる白いコロニアルスタイルの町並みにでる。この一角に「日印貿易商会」の社屋があったはずだがと、私は額から汗を流し各所をたずねたが知る人はいなかった。九〇年前の話で当然のことだが、街角に立つとミウラや鶴間が歩いているような錯覚におちいるのが不思議だ。

鶴間と南洋での夢を語り、三浦商店での元手をつぎ込み設立した「日印貿易商会」は、その後ミウラが社主として経営努力をするが、外部の暴力によって僚友をうしない、また競争激化する世界貿易業界の中にあって一九二六（大正一五）年幕を閉じ、ミウラは帰国の途に着いた。

母の死と妻の死　*1916〜*

一四年間のマカッサル生活の中でミウラの生涯に悔恨を残したのは、母の死と妻の死であった。父・宗三郎が妻・恵子の死後まとめた「恵子の懐舊《かいきゅう》誌」に、ミウラが敬愛する母との再会を果たせなかった心の内をのせている。

マカッサル湾に沈む真紅の太陽は世界屈指の美しさだ。

日印貿易商会があったと思われるマカッサル市内。

「拝啓、三月五日松尾日付の民子の手紙、三月二五日当マカッサルにて受け取り申候。

母上には、二月二三日午後四時半尾久にて御永眠遊ばれ候由、何と申し上げてよきやら実に驚き入り申候、其の後は毎日母上の在りし日のことども、後から後から想い出されて、悲しみに満たされて、日を送り申候。本月二十日当日発の船にて、当店の村田君帰国の途に就きし際、母上宛（尾久）の手紙一通、ビスケット三缶（内一缶母上へ）と共に、委託致し候ひしものを、その時は、既に母上は此の世には居らざらしを想えば、悲しき事のみ御座候。十数年来病の為に苦しまれし母上も、何時もお元気なりし事、今更の様に思い出され申し候。長き間に於て、祖母上父上始め一同が、あらゆる方法を講じて、母上のご病気を全癒に努力し事故、此の上は只だ神の御心を待つのみなりし事を思ひ申候、母上も病の中に在られても、一同が努力せられし事に就きては、常に感謝し居られし事と在候。小生は母上がもう少し快くなられたら御送金致し、母上が好きな物を、三越[※1]なり白木[※2]なりより思う存分買われて、そして夫れを母上が思う様に或は祖母上父上に、或は子供等や孫等に、プレゼントせらるる事は、最も母上を喜ばす事であろうなど、常に考え居りしに遂に実行するに至らざりしは、実に残念の極みに御座候。

三月五日に松尾にて告別式を執行、仙台に埋葬せらるる由、定めしご多忙なりし御事と、遥かに御察し申し上げ居り候。

此の上は只父上には、余りに御力を落とされて、御病気にでも成られん御事のみ案じられ候に付、此際何卒くれぐれも十二分の御注意被遊度、益々御元気ならん事を別して祈上げる次第に御座候。匆々。

大正十五年三月二九日　セレベス島マカッサルにて　三浦　襄」

※1　三越デパート　※2　白木屋デパート

筆者も仕事の関係で海外赴任中、実母をなくした経験をもつがつらいものがあった。海外駐在の宿命である。父母を助けるために海外にでたミウラだったが、しかしまだ母に親孝行といえるものをしていなかった、悔恨の極みだったにちがいない。

「恵子の懐舊誌《かいきゅうし》」によると、恵子は一九一六（大正五）年、宗三郎の宣教先山口で咽頭結核を発病し、激しい苦痛に日夜おそわれ、キリストの十字架の苦痛を思い、祈りとともに苦しみ耐えたとある。恵子のすごさは、宣教師家庭の生活を苦ともせず明るさを失わなかったことである。

恵子を見舞った人たちは彼女から次のような言葉を聞いている。

「病気は神の恩恵であると感じる」

「病気になり他人を真に同情できるようになった」

「私が今、この苦痛と戦いつつ静かにして居るのは、全快してから、自分の使命（伝道）を全うする準備です」

恵子がキリスト者とはいえ、これだけ達観できるのだろうか。神を愛す、人を愛す、人に尽くす人生観は、バリ島上陸後のミウラの人生におおきく影響していくのである。

ミウラの母への思いをもう少しお付き合いいただきたい。晩年恵子は、東京上尾久にある碩運寺境内の一隅にあるラジウム鉱泉旅館に療養し、ミウラが母の元を訪れる様子が「三浦恵子」のなかに書かれている。

「雨か雪か、恐ろしい物でも見る時の様に、怖るおそる二階の雨戸を見上げるのである。そして思わずシメタと心で叫んで、靴の紐を解くのも遅しと、二階に飛び上がる時は、雨戸が開かれて座敷の障子が見える時である。母の気分の良い時で、湯上りのサッパリした姿、床の上に端座して聖書を読んで居る清爽な姿を見ることができるのである。」

三〇歳半ばの男としてはいささか感傷的ではあるが、母の前に出ると男はこんなものであろう。恵子はミウラが信仰を忘れないため帰国のたび聖書を授けている。最後に恵子が聖書を与えたのは一九二四（大正一三）年八月一〇日のことで、見開きには「誕生日記念トシテ母ヨリ賜ワル、於上尾久小臺、碩運寺」とミウラの字である。それはミウラが生涯携えていくことになる聖書である。

ミウラには長男の懿美を筆頭に六人の兄妹がいるが、恵子は子どもたちに機会あるごとに聖書を与えた。長兄・懿美は恵子が与えた聖書で伝道の道を選び、弟の信任が千葉の病院で病死したときには懐中に聖書を抱かせ、その下の弟・実が外地に渡るときは行李《こうり》の中に聖書を忍ばせた。実はミウラの影響を受け一九二一（大正一〇）年ヘルマヘラ島に渡り江川農園で働いたが、二年後同地にて急性肺炎で命を落としている。彼は手紙に聖書マタイによる福音書四章一八節ガラリア湖畔を引用するほどの敬虔なクリスチャンである。そして妹シズは牧師の妻になり、末弟の直は信仰の道に生きるが一九二八（大正三）年二三歳の若さで亡くなっている。

母・恵子は聖書の中でパウロが言うように、よき戦いを戦い、走るべき道程を走り、信仰と奮闘をもって生き抜いた人だったのである。

人の不幸はかさなるものである。

母の一周忌も終わらぬ一〇月一〇日、帰国先の千葉で妻・民子は脊髄カリエスのため九歳の俊男、五歳の裕子、二歳の道子を残して亡くなった。葬儀は九十九里教会で宗三郎の司式で行われた。

異国の生活にただひたすらついてきた民子、まさに苦労の連続だった、そう思うと民子は不憫であった。母の死を受けいれようする俊男と裕子、ミウラのほほに涙がつたわる、道子は祖母のひざの上で母の死を理解できず微笑んだ。それは大人たちの悲しみを増幅させた。

二つの死はミウラにとって悔恨の極みであり心の痛みであった。先々のことを考えると苦悩だけが脳裏を埋めつくし、三人の子を抱えどう生きていけばいいのかと思ったのである。

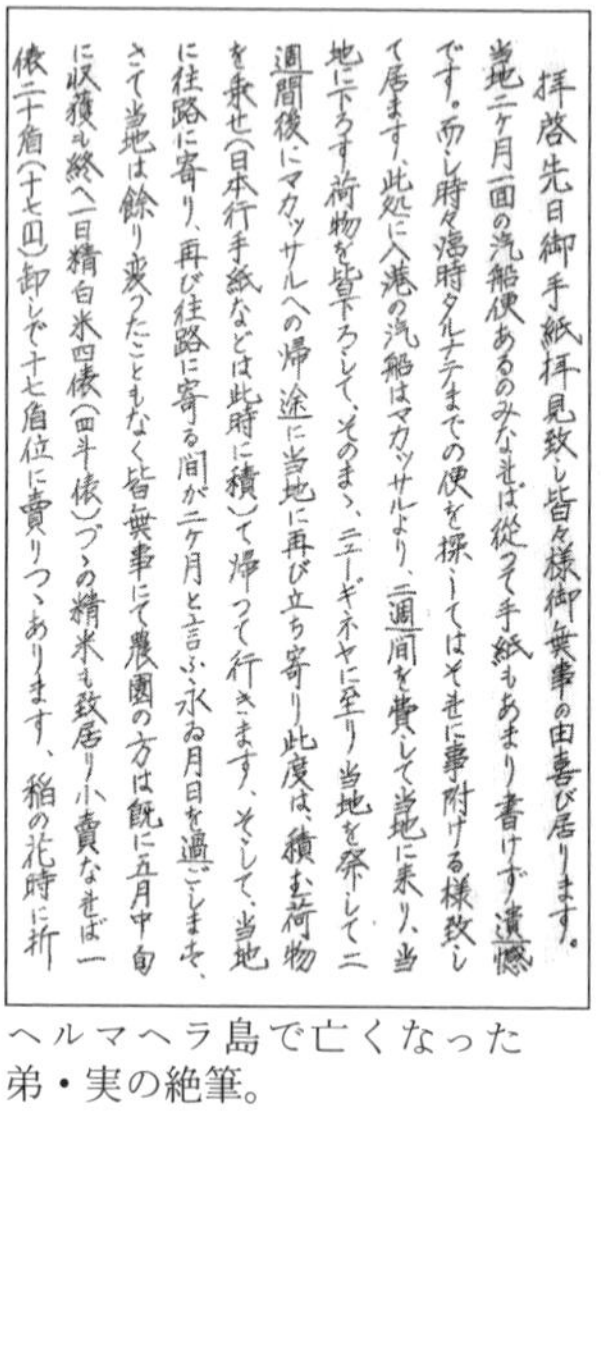
拝啓先日御手紙拝見致し皆々様御無事の由喜び居ります。当地二ケ月一回の汽船便あるのみなれば従つて手紙もあまり書けず遺憾です。而し時々塩時タルナテまでの便を採りてはそれに事附ける様致して居ます。此処に入港の汽船はマカッサルより、二週間を費して当地に来り、当地に下ろす荷物を皆下ろして、そのまゝ、ニューギネヤに至り当地を発して二週間後にマカッサルへの帰途に当地に再び立ち寄り此度は、積む荷物を乗せ(日本行手紙などは此時に積)て帰つて行きます、そして、当地に往路に寄り、再び往路に寄る間が二ケ月と言ふ永ゐ月日を過ごします、さて当地は餘り変つたこともなく皆無事にて農園の方は既に五月中旬に収穫も終へ一日精白米四俵(四斗俵)づゝの精米も致居り小売なれば一俵二十角(十七円)卸しで十七角位に売りつゝあります、稲の花時に折

ヘルマヘラ島で亡くなった弟・実の絶筆。

この世のパラダイス　タナ・トラジャ　1927～

それでもミウラは夢を追いもとめた。妻が亡くなった一年後、ミウラはセレベス島・タナ・トラジャに「バルップ珈琲園」を開設する。この地は標高千六百メートルあり、今でもマカッサルから車で約一〇数時間かかる秘境である。

トラジャは、トンコナンとよばれる船型の家屋や岩窟墓に死者を葬る習慣が残り、今でも秘境とよばれ、その名はトラジャ人の土地を意味している。中心は小さな町ランテパオである。

珈琲園はランテパオから直線距離にして約二〇キロ北西のバルップ村のはずれにある。村から見えるのは二千メートル級のオーシン山、ブルアナック山、周囲はまさに山岳地帯というこことばがふさわしい。

山麓ではカカオ、中腹ではロブスター種のコーヒー、そして千メートル以上の厳しい山岳地帯でのみ栽培されるアラビカ種のコーヒーは、幻のコーヒーとよばれ、第二次世界大戦前まではオランダ王室ご用達の最高級品であった。

珈琲園の名義人は、栽培技術面を担当した奈良県出身の岸

トンコナンとよばれるトラジャの船型家屋。舟形の家からトラジャ人の祖先は海洋民族ともいわれている。

将秀でミウラは資金面の担当をした。キーコーヒーの資料に岸は「学研的人物にて気象の研究まで熱心にしている。農園はさながら農事試験場の感あり、副業の養鶏も五万ギルダーの計上」とあり、ミウラについては「算数に明るいが家族に病人あり」とある。農園ではトラジャ人を約二〇人雇い、九八〇〇本のコーヒー栽培をし、そのほかにマラリヤの薬キニーネの原料や解熱薬、健胃薬となる規那（キナ）、茶（ティー）そして果樹を栽培し、さらに養豚、養鶏、養魚と幅広く行った。

さらに資料には具体的に栽培の様子が記されてある。

「伐木焼払整地の上、バルップ部落から一〇年木より完熟の果実を採集し塩水比重選択法でよいものを取る。発芽苗の中からよいものを取り、第二苗床に移し、一年後木葉が、七、八対発生後定植する。収穫には三〜四年かかり、その間除草年七回、年三回耕す。養鶏はトウモロコシを自作し餌とし、ランテパオの市場で月一回売った。副業の椎茸栽培は扁平で成育悪し、かりに売っても支那人にボイコットに合う危険性あり」

農園では、このほかにも野菜栽培などもやっていたようだが運送費の問題などがあったようである。なにしろ栽培農業は時間がかかったのである。

民子亡きあと幼子を抱えたミウラに、民子の親戚などからも再婚話があり、ミウラは母を失った子どもたちのことを考え再婚を決意する。

バルップ珈琲園での事業が軌道にのった一九二八（昭和三）年三月、ミウラは帰国すると仙台にあるミッションスクール尚絅女学校の舎監をしていた祖母・内田はまの紹介で、同校教師・横山しげと再婚する。祖母はしげの人となりをよく知っており、また三人の子を抱え事業を展開するミウラへの配慮であった。しげの兄もまた牧師である。

その年の七月、ミウラは家族を連れトラジャに移住する。家族で珈琲園に行くまでの記録が翌年五月一五日発行の仙台第一浸礼教会（現・仙台ホサナ教会）報四八号「福音」に出ている。ミウラが現地から送った手紙だが、これを読むと当時の様子がよくわかる。

ミウラが借りた乗り合い自動車。バルップ村に向かう家族（左より）裕子、しげ、俊男。

「七月三日午後四時、神戸発後海上無事、同十五日二千六百余浬を汽走して赤道を突破してセレベス島マカッサル港へ入港仕り候。

十八日まで同地に滞在、改めて旅装を整え、十八日朝七時日本人所有し運転せる四分の三噸《トン》積み乗合乗用車（十二人乗り）一台を借り切り手荷物と我ら四人乗り込み、六〇キロ前後の速力にて失踪を續け、途中晝食に或は名所見物に若干時を費し午後四時シンカンと称する部落に到着、丸山と云う日本人歯科医の家に一泊、歓迎を受け、翌朝同地発、百七十余キロを突破して、午後二時頃パロツボに到着。小西という知人の家に一泊致し候。

この地よりランテパオに至る道は山道にて、途中最高四千五百尺の山頂を極む事とて、羊腸たる九折なす難路を或は登り、或は下り六十キロを突破するに約三時間を要して無事ランテパオ官営旅館に着す。

二十一日、荷物の運搬は岸君に一任し、吾らは、寝具類を持てる土人三人と共にランテパオを発す。約三キロ程は道路平坦なる故、進め得る丈け自動車を進め、漸く徒歩に移りし際は赫々たる太陽頭ゴナシに照り付ける。午前十時過ぎに候。胸突き上りの急坂を攀じれば、第一に祐子ヘコタレて盛んに小生の背中を狙い、次いで令夫人弱って動けなく成り候。小生勇を鼓し、祐子を背中に、夫人の胴に帯を結びて小生の腰に結び付けてエンヤコラホイと坂を上り候。見る者も無ければ恥ずかしくもなし、只惜しむらくは珍妙なるこの様をカメラに納め得ざりしにて御座候。呵々。斯くて午後二時約九キロの山路を無事乗り越えて、海抜四千六百尺の地と。同所にも官営ホテルあり候。然しホテルとは名のみにて、単に甘雨露を凌ぐに足る丈の木造荒削りの板張り家屋にて、番人も居らず、寝具は勿論なし、付近土人の家にて籾を得搗きて来て米に造りて煮る始末に候。

(右)バルップ村でミウラ(左端)と岸(右端)。

翌日は七時半涼しき内に同地を発ちし、山を越え谷を渡りて七キロの道を進みて十時頃トンドンの官営木賃に安着。しげは二日の山道に足腰立たず、着後直ちに寝たきり翌朝出発まで遂に起つを得ざり弱り方にて候。

バルップ村のミウラ家族。左より、しげ、裕子、道子、俊男。

二十三日朝六時過ぎ令夫人は岸君の乗りし馬に股がりオッカナビックリ馬に運ばれ、祐子は時々小生を馬と間違へ候。斯くて十キロ進みて十時半頃バルプ村に着し此処にて朝飯を喫す。
此処は六日目に一回パッサル（市場）開かれ居り、主にコーヒー豆を主とし、外に乾魚、土人菓子、キレ類等売買行われ、二、三百人の土人集まり居り候。吾等も南京豆を食し候。十二時過ぎ同地発土人部落を過ぎて後は約半里の間特に吾が農園に開かれたる山道を攀じて一時過ぎ無事目出度く目的地に到着、岸君夫妻喜び迎え候。」

文面は難行苦行でありながらも、新天地赴く楽しそうな家族の様子やミウラ元来の茶目っ気が見られる。「祐子は時々小生を馬と間違へ」などの表現はミウラの人となりを知る上で重要である。それにしても結婚したばかりのしげは驚いたのではないだろうか。
さらに当時のミウラの家族状況は「福音」四九号に掲載されている。

「家の前にはコスモスを始め赤黄色とりどりの草花咲き乱れ居り、傍にはオーシン山の大森林に発せる清麗玉の如き渓流こんこんと流れて盡きず、鶏鳴暁を報じる頃、百千鳥美妙の歌を競い唱ふ所正に此の世ながらのパラダイスに御座候。子供等はお蔭様にて至って元気旺盛、午前は八時より十二時まで学校（但し生徒二名）、午後は或は渓流に至りて蟹を捕へ或は摘み草などして元気よく遊び居り候。

しげも至って元気にて候。午前中は子供の先生に専念し、其の合ひ間と午後は岸君の妻君と共に炊事に多忙を極め候。まだ海外の生活に慣れぬ為か至って淋しがり候。日本に手紙を書かないのか？と尋ね候處「手紙を書くと悲しくなるから止める」と弱音を吹き居り候。此のパラダイスに住んで淋しがる様では来世はトテモ天国に住めぬ相も無之候。呵々。日を費やす二十有一日、海路二千六百浬、山路百三十里一同無事元気にて目的地に到着致し候事只だ感謝あるのみ御座候。皆様の御祝福を祈りつゝ、事業地に於ける第一信如斯く御座候。」

バルップはこの世のパラダイスだったのである。気になるのはキーコーヒーの資料の中にある「家族に病人あり」という表現である。これは誰のことをさしているのであろうか。想像できるのは新しい環境に入ったしげである。

※

家族にとって、この世のパラダイスでの生活はどのようなものであったのか、仙台に住む道子は幼いときの生活を記憶していた。

「お父さん。かあちゃん。早く」

五歳になったばかりの道子の声が山中にこだまする。

ミウラとしげが道子の後ろにつづく。

「道子。そんなに急がなくてもいいのだよ。今日はお休みの日でお勉強もないのだから」

ミウラがやさしく声をかける。

「いつもみっやんは早いんだから」

姉の裕子が声をかけた。

「お父さんこうしていると外国にいることを忘れてしまいますね。起伏のある丘や遠く見える山々がまるで蔵王の山並みのようにみえます」

「そうだね、平和だね。もっとも心配なのは子どもたちの教育のことだね。我々が教えるといっても限りがあるからね。それに同年代の子どもたちがいないというのも心配だ」

敏雄、裕子、道子の教育は、仙台に住む祖母・内田はまから教科書が現地に送られ、しげが教えた。しげの教育は一ヶ月のカリキュラムを詳細に作り、朝八時から四時間そして昼食をはさみ午後にもやることがあった。子どもたちの教育は知識だけでなく、人との関係の中で育つ内的なものや日本人としての心なども重要視したが、なんとしても南洋の地では限界があるのだった。それを埋めるように三ヶ月に一度はランテパオのオランダ人宣教師が運営する教会に行った。ミウラは子どもたちに多くの経験をさせようと思った、ピクニックもその一つだった。


「お父様、今日は何の歌を歌うの」

「そうだな、道子の好きなクリスマスの歌かな」

「いやだ、お父さんまだクリスマスは先の先よ」

「そうだね」

家族がいっせいに笑った。

筆者の見たこの世のパラダイス、眼下にトラジャの光景が広がる。

「それなら賛美歌四九四番がいいかね。お父さんの好きな」
「そうね、それなら道子も歌えるね」
しげは二人の会話を微笑み、至福のときを感じていた。

わが行くみち　いついかに　なるべきかは　つゆ知らねど
主はみこころ　なしたまわん♪
そなえたも　主のみちを　ふみてゆか　ひとすじに♪

周辺の山々に家族が歌う賛美歌が静かに流れ吸い込まれていく、歌声は風に乗り、山肌を抜け、真っ青な空にぬけていった。それはまるでミュージカル映画の光景であり、終わりのないこの世のパラダイスのようだった。

こころたけく　たゆまざれ　ひとはわかり　世はうつれど
主はみこころ　なしたまわん♪
そなえたも　主のみちを　ふみてゆか　ひとすじに♪

家族を包み込む標高二千メートル級の山々は静かに彼らを見守り、賛美歌をのみこんでいった。そしてミウラは突然立

ち上がると、「みんな、もっと、大きな声で」といって手を振り上げた。すると長男の俊雄は笑いながら、

「勝《か》ち鬨《どき》じゃないんだから、お父さんそれはおかしいよ」

といった。

家族が大声で笑い、山間にこだました。ミウラは照れくさそうに全員の顔をながめ、

「そうですか。それでは歌は、おしまいです」

といった。まるで少年のようなしぐさだった。

「お父さんもうやめちゃいやだよ。せっかく歌ったのに次はなぁ〜に」

「だめ、だめ、うたはもうおしまい、つぎはお弁当！　道子それならいいね」

「う〜ん、それなら許してあげる」

「わが行くみち」ではじまる賛美歌は、ミウラがもっとも好んだ歌で、時あるごとに口ずんだが、冒頭詩につづく歌詞「いついかに　なるべきかは　つゆ知らねど」は、まるでミウラ自身の人生を暗示しているかのようであった。

「お父さんここがいいわ」

道子の指さした草むらに家族全員が腰を下ろすと、しげは弁当を開いた。バナナの皮に包んだ白く丸いおむすび、卵焼き、質素ではあったが、しげの真心がこもるどんな高級料理屋でも食べることのできないご馳走だった。

ミウラは子どもたちを愛した。異国ゆえの不便さをかけていることも承知していた、だからこそ子どもたちに明るく接し、決して商売のことや大人の世界の話をすることはなかった。

道子のほほにごはん粒がついている。

「道子の　ほほ　に　おべんとう　道子の　ほほ　に　おべんとう」

裕子が揶揄した。

「なによ。おねえちゃんのバカ。ふん」

しげが道子のほほに指をもっていくと、

「道子のお弁当は、かわいいお弁当といってね、特別なのよ」

といってごはん粒をほほからとると道子に見せ口にいれた。

「おねえちゃんのバカ」

泣き顔を見せた道子を見てみながわらった。

この世のパラダイスの瓦解　*1929～*

いつまでもこの幸せはつづいてほしい、と願うのは人の常である。しかし人の世に沸き起こるように襲うのも不幸である。ミウラの「バルップ珈琲園」での幸せも長くはつづかなかった。

一九二九（昭和四）年一〇月、ニューヨーク市ウォール街の株式市場で株が暴落すると世界恐慌がはじまり大不況の波は、世界に波及した。当時の朝日新聞には「津波の如く全国を襲う　失業地獄」「職も無く食も尚なく　涙で語る　失業苦難　大東京かく無情」とある。不況の波は例外でなくバルップ珈琲園にも

バルップ珈琲園での生活に別れを告げるミウラの家族。

押し寄せ、コーヒーや他の生産物も売れず珈琲園は廃業に追い込まれた。入植して三年目やっと「バルップ珈琲園」の基礎が固まったところへ世界大不況である。ミウラは不運な星のもとに生まれたのだろうか。赤貧な幼少を送った後の彼の人生は、南洋商会との決別、日印貿易商会の瓦解、妻の死、母の死、信任の死、実の死、直の死、珈琲園の倒産と挫折と悲しみの連続であった。

こんなとき人は立ち直ることができるのであろうか、筆者なら首を括りたい心境である。この世のパラダイスは、うたかたのように消え去り、子どもたちの教育のためにとミウラが日本から運んだオルガンや家財道具は売ることもできず山中に捨てられた。

一九三〇年暮れ、ミウラの家族はパラダイスを追われるようにしてバリ島デンパサールに移ったのだった。

バリ島との出会い

一九九八年八月、はじめて仙台にお住みのミウラのご遺族をたずねたときにいただいた一枚の写真がある。セピア色の古びた写真には、ミウラの店「TOKO・MIURA」（三浦商店）が写っている。店幅は一五メートルほどあろうか、店前の椅子に三人の男がこしかけ、一人の男が自転車修理をしている。店の右手に雑貨や衣類のようなものがおかれ、左には何台かの自転車が置かれている。自転車の展示ルームのようだ。セピア色の写真だが、私にはバリの太陽や木々の緑、そしてバリ特有の赤レンガ屋根を想像することができる。光の方角からして午後撮影されたものと思われ、道路に落とす樹木の長い影が時間を止めたかのようである。

バリ島デンパサール市内のミウラの店、「トコ・ミウラ」（三浦商店）

写真はミウラが四一歳のときに開いた店である。

一九九八年六月七日、仙台駅に私を出迎えてくれたのは水色のワンピースを身につけた三女の斉藤久子さんで、彼女の仙台市荒巻本沢にある自宅には二女の土田道子さん、四女の天野栄子さん、そして夫君の安彦さんがまっていた。ミウラが戦前住んでいた新坂通とは別の場所である。

ご姉妹は、ミウラがバリ島に移った理由をこう語った。

「日本に帰国しても失業者があふれ日本で生計を立てるのはむずかしく、挫折の中で事業家への夢はあきらめ、小さな仕事を細々とやるのが最善と考えたのでしょう」

しかし、その選択がミウラの人生を大きく変えるのである。

二〇一〇年一〇月、私はバリホテルから百メートルほど行ったガチャマダ通りに面した「三浦商店」跡地にたった。今ではその地に銀行が建ち、車が往来しているが、不思議と「三浦商店」が想起され、あたかもミウラが出てきそうな錯覚におちいるから不思議である。

※

神々しいほどの太陽が昇った。店前の椅子に座り、聖書を手にしているのはミウラである。一九二四（大正一三）年、ミウラの誕生日に母から贈られた聖書である。今では母の形見として大切にしている。ミウラの一日は、家族の安全とバリの人々の幸せを祈ることからはじまり、食事が終わると白い背広に蝶ネクタイ姿で店に立ち客の相手をする。修理が入るとタイヤを車輪からはずし、穴のあいた箇所を水にさらし、見つけ、拭い、小さく切ったゴムを貼る。店前の木陰で椅子座るオランダ人、中国人、バリ人などが見つめる。彼らはミウラが出すお茶を楽しみに集まってくる。

「おやじさん日本人かい」

「そうですよ」

ミウラは修理しながらほほえむ。バリのやさしい風が吹き抜け、ミウラの額から汗をすいとる、そしてゆったりとした時間が流れる。

ミウラの店は開店して数ヶ月もすると、親切でほほえみをかえす「トコ・スペダ・トワン・ジャパン」(日本の自転車屋の親父）として評判になった。

ミウラのように蘭領東印度で日本人が開いた店は、トコ・ジャパン（日本人の店）とよばれ、夜ともなればこうこうと石油ガスやランプがともり、日本の玩具や繊維製品、雑貨がならべられ輝いた。ある日本人は「子どもたちと遊ぶのが好きな陽気な写真屋さん」であり、「安物を売っている人のよい店主」であった。集まるのは土地の名士より労働者が多く、和気あいあいと語り、町や村の社交場になった。店主の姿といえばガイゼル型の整えた髭をつけ、麦わら製のカンカン帽かヘルメットをかぶり、洋服といえば白か山東山繭の洋服姿で、オランダ人同様に詰襟五つ釦を着用していた。バリでのミウラは、トコ・ジャパンの面倒みのよい、楽しくやさしい自転車屋のご老人だったのである。

汚れる仕事にもかかわらずミウラが白い背広にネクタイをつけ、額からいく筋もの汗を流す姿は、日本人の勤勉さと誠実さを感じさせ、さらにミウラのキリスト者としての人格が人々に愛されることになるのである。それは若きミウラが南洋商会の経験からえた「永く永住し、住民を愛し、住民から愛され、住民の中に溶け込む」という理想そのものだったのである。

ここで少し当時のミウラを知るバリ人の話を紹介したい。

一九九九年夏、私はデンパサールで当時小学生だったというグデ・グリアさんにお会いした。彼はミウラに敬愛され、戦後インドネシア政府の国費留学生として名古屋工業大学で学び東京大学で博士号を取得している。彼は当時のミウラを流暢な日本語でこう話した。

「当時、自転車は牛一頭とほぼ同額の値段で、農業を営む私の父の収入では買うことはできませんでした。トコ・スペダ・トワン・ジャパンの前を通ると目映いばかりに輝く自転車が店頭にかざられていました。私はあの自転車にのりバリの山野を疾走したらどんなにか気持ちよいだろうかと頭の中でえがいていました。毎日、私は店の前を通り眺めました。そんな私にミウラさんは、『勉強しているか』と声をかけほほえみました。ある日のことです。ミウラさんは手招きし私をよび寄せました。そして一台の中古自転車を指差しこういったのです。『これを君にあげよう』、私は驚きました。そして私の頭に手をやると、『勉強しろよ』といったのです。何しろ私はうれしくて、いただいた自転車を父と二人で押しながら家路に着きました。それから私はミウラさんのところに度々行くようになりました。そのころからですミウラさんが、バパ・バリ（バリ島の父）ともよばれるようになったのは」

ミウラに仕えたスダナゴン・イマスレゴさんはこういっている。

「オランダ時代、ミウラさんはトコ・スペダ・トワン・ジャポンとよばれ、大変親切なことで有名でした。自転車が三浦商店で買ったものでなくても修理を頼むと部品などをサービスしてくれました。私は常にミウラさんの一族のように交わっていました」

二人の言葉は、バリにいたミウラの人となりを如実に表している。ミウラは開店後、短時間で島民の心をとらえ深い絆で結ばれ、ミウラが元来もっていたキリスト者として

（左）バリ島内を自転車パーソン号で巡るミウラ。（右）1938年頃の自転車の宣伝。

トコ・ミウラのあった通り。今では馬車の変わりに車が走っている。

の平等、博愛、奉仕の精神が現実化していった。そこに大事業にはない小規模店トコ・ジャパンの喜びがあり、またヒンズー教を信奉するバリ人の気質が日本人によく似ていることから、外国人と現地人という対立ではない友愛があったのではないだろうかと思われる。

グデ・グリアがいう「ババ・バリ」という表現は、そのころからミウラがバリ島の父として信頼されていたことを意味している。

※

デンパサールの中心地、ガチャマダ通りの交差点に大きな時計台がある。その角に現在ププタン広場とよばれる憩いの広場があり、ミウラが店をかまえていたころは、テニスコートでオランダ人が白球を追う姿がたびたび見られた。ミウラの生活はつつましいものであったが、ゆとりが出ると子どもたちを連れ広場で遊んだ。

当時、九歳だった道子に家族の思い出がある。

兄・俊雄がミウラと広場でキャッチボールしている。

「としお、いくぞ、それ!」

ボールが敏雄の手からこぼれ大地におちる。燦々とふりそそぐ南国の太陽、しげが見守り、裕子がほほえみ、道子が歓声をあげる。ボールが俊雄の手にすいこまれたときの称賛の声、ミウラは笑いながら「うまいぞ」と声をかける。

これが道子の家族の記憶である。

バリ島での静かな生活。しげに抱かれているのが久子。後左から道子と裕子。

バリ島に移りTOKO・MIURAを開業し、日本から宮田自転車パーソン号などを輸入し店は順調だったが、心配なのが子どもたちの教育だった。ミウラとしげとで勉強を教えても限界があった。日本人の少ないバリでは成長期に必要な同年代や異年齢の子どもたちと交わることもできない。ミウラの少青年期がそうであったように、子どもはもまれてこそ成長するものである。一九三一(昭和六)年、ミウラは三女・久子が生まれると子どもたちの将来を考え家族を帰国させた。

ミウラがバリを愛し、バリ人のよき理解者「ババ・バリ」とよばれはじめたころ、戦雲がたちこめる。満州事変である。それはミウラが戦争に翻弄される序章でもあった。

日本は満州国を独立させ、国際連盟から脱退し、世界から孤立を深めていく。満州が王道楽土とよばれ開拓民が送られるのもこのころからである。

南洋浪人　*1932～*

ミウラは家族が帰国するとさびしさをかくすことができなかった。うるさいほどの久子の泣き声、笑顔、敏雄とのキャッボール、本を読む裕子、ひざの上の道子、離れてはじめて感じる家族への愛しさである。

ミウラは家族を帰すとまもなく芝と宮本をやとっている。二人とも南洋浪人とよばれ、海外で一旗あげようと雄飛した若者である。このころ竹越興三郎の「南国記」に触発された若者が大陸や南洋諸島に出ているが、食い詰めた若者も多かった。

トコ・ミウラ・ブレレン支店前にて。右から２番目がミウラ。

二人を雇い、パンク修理から店番、帳簿の記帳など経営上必要なすべてを教え込んだ。店は軌道に乗り、バリ島の北部にあるブレレンと南東部にあるクルンクンの二ヶ所に店を出し、さらに一九三六年（昭和一一年）にはシンガラジャにも支店に出した。のちに芝は三浦商店の支配人になっている。

シンガラジャの従業員だったバリ人のクトットウイナチャーはミウラについてこう語る。

「トワン・ミウラは月に一回ほど店に来ては宮本さんや従業員と話をしていました。我々には売り上げなどについて二、三質問しただけで商売のことはあまり干渉しませんでした。宮本さんや従業員を食堂に連れて行ったり、店で長く話をしたりしました。気持ちはまじめでいつもわらい、けして嘘をつかない人でした」

まじめで嘘をつかない、これこそミウラの性格そのものであり、それが太平洋戦争終結後ミウラの運命を決めることになる。

「三浦日記」にはこのほかにアゴン、スマデ、シンギといった従業員の名前が見られる。

高見順のみた三浦襄と戦雲に翻弄される三浦襄　*1941*

ミウラの店の前で子どもたちが騒いでいる。彼らが見ているのは白いシャツにネクタイ姿で額の汗をふきふき自転車のチューブを取り出しているミウラだ。黒いチューブを取り出し桶の水につける、水の中から小さな泡がいくつかあがり消える。そのたびに子どもたちは「わっ！」と歓声をあげる。

「ここだ、ここが悪いのだ」

そのたびに子どもたちは声をあげる。チューブを水から取り出しかかげる、子どもたちの歓声がさらに大きくなる。そして器用な手つきでチューブをタイヤに入れ、空気入れの把手を押すと「キュッ！キュッ！」と音をたてタイヤはふくれていく、子どもたちは音にあわせ「キュッ！キュッ！」と声をだす。微笑むミウラ。

「キュッ！キュッ！のキュッ！」

ミウラの擬声音に子どもたちは声をあげる。

「よし！　これでできあがり」

ミウラを囲んでいた子どもたちは手をたたき喜ぶ。

「いや、まいりますな、自転車の修理でこれだけの拍手喝采を受けるのですから」

まさに子どもたちと遊ぶのが好きな陽気な自転車屋である。

かたわらの椅子に座り、ミウラと子どもたちのやり取りを見ていた作家の高見順はほほえんだ。

「ミウラさんのお人柄ですね。子どもたちからも信頼されている」

「子どもたちよ。今日のキュッ！キュッ！のキュッ！はこれでおしまい。家に帰って手伝いをしなさい、勉強をしなさい」

ミウラはそういうと、子どもたちに飴玉を一つずつ渡し帰宅を促した。

※

一九四一（昭和一六）年三月六日、高見順は取材のためバリに入りミウラの家に三月末まで滞在している。高見がミウラの家にいって驚いたのが、所せましと置かれたバリ古美術のコレクションだった。そしてさらに驚いたのは、惜しげもなく知人にプレゼントし、日本へのお土産にしたことであった。収集品はすべて自分のためでなく人のためだったのである。

高見は著書『蘭印の印象』のなかでミウラのことをこう書いている。

「商売の基礎も固まり、安定した生活をしており、バリ島に初期に住んだ日本人として経済的にも社会的にも安定しており、バリ人の生活に密着した自転車業は計算ぬきで、バリを代表する人だった」

そして高見と同行したのは画家の南雲祥之助で、高見が文を書き南雲が挿絵を書いた「ある晴

バリ・ダンスを鑑賞した後の高見順（左）とミウラ。

れた日に」のなかでミウラは佐々木、高見は野崎という名で登場する。

「雑貨店の店主というと、会わないうちは、野崎は自分などの肌に合わないがさつな商売人を想像していたのだったが、実際の佐々木は、想像とはまるで反対の、見るからに立派な紳士だった。雑貨屋のおやじといった感じではなかった。初老の痩せた長身に折り目正しい白麻の背広をつけた佐々木は、その物腰や語調は静かで慇懃だったが、その奥には冒し難い剛毅な気迫を秘めていた。顔は浅黒く陽焼けしていたが、話をする時きまって柔和な笑いを浮かべるその顔には、人柄の現れにちがいない重厚な気品が感じられ、そして又それが年齢によってきびしく磨かれているのが感じられた。横髭のあたり、髭が白く光っているのも、一段と気品をそえていた」

高見の見たミウラの重厚な気品とは、クリスチャンとしてミウラが刻んだ苦難の歴史であり、冒し難い剛毅な気迫とは、後のミウラの人生を予言するものだったのである。そして柔和な笑いにかくされているのは、妹シズがいった無邪気で明るく子どもっぽい一面だったのである。

そして二人の会話は次のように展開されたはずである。

「高見さん、私は肌の色の違う人たちが私の修理した自転車をうれしそうに乗っている。ただそれだけで満足です」

「それにしてもこの地は別天地ですな。地上の楽園ともいいますか、日本国内にいますときな臭いことばかりが取りざたされています。中国大陸で亡くなった方々の無言の帰国も、ここでは見ることもありません。まさに楽園です」

「高見さん、ここの人たちは穏やかで、日本人に似たところがあります。それに燦燦とふりそそぐ太陽、豊富な果物、人々の打算のない笑顔、まさに楽園、この平和が永遠に続いてほしいものですが……」

※

ミウラにとってバリ島での生活は、安息の日々であった。聖書にある福音を重んじる自分の存在に喜びを感じ、利潤を得るより人々に与えることを重んじ、バリ人たちからの愛され「パパ・バリ」とよばれたミウラ、しかし平和な日々はつづかなかった。

一九四一（昭和一六）年六月四日、ミウラは帰国する。ミウラ、五二歳である。

この帰国はおそらく世界情勢悪化にともなう情報収集、そして家族のもとへの帰郷であったと思われる。この時期、アジア太平洋諸地域で権益を持っていたアメリカ、イギリス、オランダ、中国は、対日経済封鎖（いわゆるＡＢＣＤ包囲網）に踏み切り、日本は軍事行動をほのめかし外交交渉によって蘭領東印度を大東亜共栄圏に組み入れようとした。しかしオランダの対日関係は悪化、蘭領東印度の輸入制限に関する取り決めを行う第二次日蘭会は六月一一日決裂する。

ミウラが帰国後の七月、蘭領東印度にいた日本人の資産はオランダ政庁より凍結され、日本人への生活制限や警戒が厳しく経済活動が困難になる。九月になると状況はさらに悪化、日本政府の要請により海外在留民、特に日本人婦女子ならびに老弱者の日本への帰還がはじまる。在留邦人の資産持ち出しは禁止され、引揚者はほとんどが無一文だった。引き揚げ船は九月の北野丸にはじまり、一一月末日の富士丸までつづき、その間の帰国者数は約五千人。

そして一二月八日、日本軍の真珠湾攻撃、蘭領東印度にいた日本人は着の身着のまま収容所に連行され、地獄船とよばれた護送船にすしづめにされ、オーストラリアのタツラやラブダイ捕虜収容所などに抑留された。その中には三浦商会の宮本や芝も含まれていた。

時代の波に奔流され、昭和五年やっとミウラがバリで築いた幸せな生活は、軍国主義という荒波のなかで崩壊する。バリ人を愛し「ババ・バリ」とよばれたミウラ。皮肉にも一年後再上陸したときは、バリ島の生活を壊した軍国主義の中核をになう軍隊の随行員であった。

日本軍は蘭領東印度攻略後、スマトラ島、ジャワ島を陸軍、その他の地域を海軍が統括地とし、蘭領東印度政庁にかわって日本軍政を施いた。バリ島はセレベス海軍民政部の下にバリ島シンガラジャに出張所が置かれた。日本軍にミウラがいたことは、バリ島民に光明をもたらしたが、彼一人だけで島民一三〇万人の悩みすべてを解決するのは不可能であった。さて話はミウラがバリ島に上陸し、軍政が施かれた後にもどる。

島内を巡るミウラ（右端）とプジャ（左端）。右後方にドラと祭装姿の男が見える、何かの祭りのときのようである。

第4章

上陸後の三浦襄と家族

命冥加《いのちみょうが》　昭和一七年四月　*1942.4.～*

「ポトンだ！」（斬罪だ！）

夕暮れのサヌール海岸を乱暴な声がひびいた。

声は海岸からそう遠くない粗末な木造一軒家からである。ミウラと作家の戸川幸夫が怒声の方に足を進めると、五人の日本兵が土下座するバリ男性を囲んでいた。隊長らしき男が椅子に座り、右手に軍刀を握りしめている。

「マーフ！　マーフ！」（許してください　許してください）

男の絶叫があたりにひびいた。頬は涙と土で汚れ、目は赤くふくれあがり、体全体がわなわなと震えている。兵の一人が背後から男に銃剣をつきつけ威嚇した。

「マーフ！　マーフ！」

「わぁー！」

こんどは助けを求める女性の叫び声があがった。村人に抱きかかえられた男の妻である。

「ポトンだ！」

隊長が大声をあげ軍刀を抜き振り上げた。

「わーっ！」

妻が村人をふりはらいその場に崩れ落ちた。周囲を取り囲んだ村人はなすすべがなく立ちすくみ、その表情には憎悪があった。

ポトンとはインドネシア語で「切る」つまり男を斬殺することを意味していた。場面は隊長が裁判長で弁護人もいない簡易な軍事裁判であった。

しだいに増えていく村人の数、目は憐憫と憎しみだけが満ちていた。

戸川がミウラを見た。眼鏡の奥のミウラの目が怒りに燃えていた。

「これはまずい。まずいですな！」

ミウラが群集の中から隊長の前にでた。何気ない顔をつくろい「やあ」と声をかけ会釈をしたが、そのあと鬼のような形相で隊長をにらみつけた。バリに駐屯する日本兵でミウラを知らないものはなかった。

「どうしたのですか」

ミウラは穏やかに訊いた。四人の兵は隊長の顔色をうかがった。応えたのは隊長だった。

「やーミウラさん、バリ島はご存知のように現時戒厳令下でして、外出禁止のはずですが、それをこの男が破りましてな、いま軍事裁判中というわけです」

「隊長、裁判とは穏やかでないですな、ところでどのような理由で」

ミウラは語調を極力押さえていった。

「ミウラさん、現在夜間の外出は、バリ人に許可してないのはご存じの通りであります。特例として医者、村長、教師だけには外出許可腕章を渡してありますが、それをこともあろうにこの小学校教師は無断で腕章を他人に貸し与え、その上金品を受領したとんでもない奴です」

一緒にいた戸川は、それだけで断罪か、と喉まで出かけたがいわなかった。ミウラは隊長以下全員の顔を見渡すと、

「言葉のできる方はおりますか」

と訊いたが、現地の言葉を解せるものは一人もいなかった。

「私が事情をこの男に聞いてみたいのだが、よろしいですか」

ミウラがいった。

「今、判決を下したところだが……、まーいいでしょう。実はこいつのいうことがよくわからず困っていたところです」

隊長は苦笑しながらいった。

ミウラは男の膝元に腰を下ろすと、「どうしましたか」と穏やかな口調で事情を訊いた。男はミウラの顔をみると、

「ババ・ミウラ」といい涙を流した。

男の話によると、昨夜、隣家の主人が、妻が急病であると男の家にかけ込んできた。しかし外出許可証がない隣家では医者に行くことができない。医者に連れていってほしいと請われたが、男も火急の用があり行くことができなかった。それで腕章を貸し、医療費を持たせたとのことだった。

ミウラは男の話を聞いて唸った。罰どころか美談である。

「隊長、私が通訳をしますので、宣撫班の戸川を臨時弁護人として裁判をやりたいのですがいかがでしょう」

ミウラの申し出に隊長は、日本刀の柄《つか》に手をかけいった。

「それはよろしいですな」

「隊長、どうでしょう、考えてみれば小学校の先生が死んだら子どもたちは嘆き悲しむでしょう。バリ島の純真無垢な子どもたちに与える影響ははかりしれないものがあります。それは日本の国益になりませんん。ひょっとすると子どもたちは日本を恨むかもしれません。将来をになう子どもたちのためにも極刑はいかがなものでしょう。それに外出許可章一つでバリ人の日本軍に対する印象を悪くするのも得策ではありませんが……」

「うむ、おっしゃるとおりですな、我々も言葉もわからず困っていたところです」

ミウラと隊長は親子ほどの年の差がある。諭すようなミウラの語調に隊長は故国の父親を思い出したのだろうか、それとも真摯なその姿に圧倒されたのであろうか、隊長の心が揺れた。

「隊長、それでは罪一等を減じて一年位の所払いはいかが

サヌール海岸に立つミウラと戸川幸夫（右端）。

でしょう」

弁護人役の戸川が提案した。

「所払いですか、あなたも古い、まるで江戸時代ですな」

隊長はわらうと、「それにしても命冥加《いのちみょうが》な奴ですな……」と付け加えた。

人の命は尊いものである。それは万国共通であり、子には父や母があり、父には子や妻がいる、ミウラは戦時下といえども命の尊厳を一人でも多くの兵士たちに伝えたかったのである。隊長の顔を立てることもできた、男の命を救うこともできた、それがミウラのクリスチャン・スピリットだった。

ミウラの脳裏に聖書の一部が浮かんだ。

「あなたがたは誇り高ぶっている。このような高慢は、すべて悪である。人がなすべき善を知りながら行わなければ、それは彼にとって罪である」(ヤコブの手紙から)。

——しかし周囲は、ミウラがキリスト者であることは知らなかった。ミウラも口にすることはなかった。

小学校教師夫婦は放免される喜びを、何度も何度も頭を下げることで表した。そして取り巻いた村民から歓声があがったのだった。

戸川の証言によると、この隊長はポトン中尉とよばれ有名であった。戦争中このような理不尽な行為におよぶ軍人がいたことも事実である。

※

作家の戸川幸夫は、昭和一七年四月海軍報道班員としてジャワ島に上陸、土橋司令官のバリ島視察に同行した。バリ・ホテルで行われた司令官一行の歓迎会で、司令官の後ろに座っていた戸川は「よく、いらっしゃいました」と痩身で品のよい紳士に声をかけられた。ミウラとのはじめての出会いである。丸眼鏡《めがね》をかけ海軍の防暑服に身を包んだミウラの声に戸川はあわてた。現地通訳程度に考えていたミウラの顔に、威厳と品性が共存し、さらにオーラのようなものがただよっていたからである。

戸川はミウラとの邂逅《かいこう》を機に、本格的にバリ文化や宗教を学ぼうと考えた。戸川は「三浦日記」にたびたび登場する。

戸川の二度目のバリ島行は、ミウラが軍政部から民政部に転換したころで、命令機能が徹底せず苦悩したときである。戸川はその時のことを一九五五（昭和三〇）年『オール讀物』（文藝春秋社）一一月号の「忘れえぬ人々」の中で次のように書いている。少し長いが引用したい。

「そうなると軍政時代のように、なかなか一本化して命令が徹底せずに、三浦さんの意見も無視されることが多いらしく、ずいぶんとやり難そうでした。『一体きみは日本人なのか、それともバリ人なのか？』という上役もいたそうです。もちろん良い人も多かったが、火事場泥棒のようにこの際ミスをしないで帰ればいいという連中も少なくなかったようです。三浦さんはそんな日本人がどんなにバリ人の感情を悪化させているかもしれないと、私にこぼしていました。しかし、彼が不満をぶちまけるのは私かごく親しい、二、三の人に限られていたようです。バリ人に対しては、同胞をかばい、かつバリ人のためになるように中間に入ってずいぶんと苦心をしていたようすでした。

私はホテルに入るのをやめて、三浦さんの紹介であるバリ人の家に下宿させてもらいました。それはバリ人の生活にとけこむためです。私はバリ人の中に入って、バリ人が純真で、高尚な人種であることがよく解りました。三浦さんの気持ちに少しずつ近づくにつれて、たとえ対手が売春婦にしろ、バリ婦人を辱しめたことに後悔しました。

最後にバリを訪れたとき三浦さんは日本の将来とバリ人の動向についてしきりと心配していました。『自分としてはなんでもかでも日本に協力するように彼らに説いていますが、これでいいのかと反省することがあります』。三浦さんは言いました。戦争完遂のために、彼らを時にごまかして利用している。日本人の一人として、それは仕方のないことだと解っていながら、彼は心のうちでは自分を責めていたのです」

戸川の記述は、上陸の苦楽をともにした金村少佐や稗方など気心のしれた兵も去り、軍政再編のなかでミウラが孤立を深め、苦悩していた様子がわかる。しだいに日本軍部の本音が見え、アジア開放の旗印のもと、時にはごまかし戦争への協力をバリ人に求めたミウラの苦悩、『一体きみは日本人なのか、それともバリ人なのか?』にみられる理不尽なことば、しかしできることは自分を責めることしかなかった、ミウラが懸念していたのはひたすらバリと日本の将来のことだったのである。戸川の記述から、ほんとうにバリ人のことを考えていたミウラ像が鮮明に浮かび上がってくる。

デンパサールの元ミウラの家。（1997年当時）

ババ・バリ（バリ島の敬愛なる父）

真珠湾攻撃後の日本の戦局はめざましかったが、大陸など多くの戦場を戦ってきた将兵の心はすさんでいた。戦場という異常空間は、人の死が日常にあり、弾丸の下を突進する狂気があった。戦場は、生き残った将兵の道徳感や人間性を執拗に奪い深い心の傷を負わせた。

ミウラの家の前に長蛇の列ができている。日本軍が上陸することによって生じた住民の苦情や不満を直接軍政に訴えることのできない島民がミウラを頼ってきたのである。一部の不届きな兵によるものだが、兵が悪行をすれば日本軍全体の問題であり、島民を怖がらせたのも事実であった。しかし兵士たちにとってバリ島は平和とはいえ戦場であり、激戦地に送られれば明日をもしれぬ命であった。軍靴で平穏な日々を踏みにじられた島民と戦場の兵士との落差がそこにあった。

※

ベテラン通りとよばれるバリ・ホテル前の道から東へ

一本隔てた小さな道沿いにホテル・エリムがある。二〇一〇年一〇月、鈴木バリ総領事とともに行ったホテルである。

周囲を赤レンガ塀に囲まれ、入口左側にヒンズーの祠が建ち、細長い通路を行くといくつかの小部屋があり、ガジュマルの木根が軒に垂れ涼気をさそう。ホテルの名こそあるが、読者には日本人が想像するような豪華なホテルではなく木賃宿を想像したほうがよい。ここがかつてミウラの家だった。序章でも書いたように今は解体され更地になっている。

私がはじめてこの地を訪れたのは一九八四（昭和五九）年のことで、それ以来たびたびこの地を訪れミウラを偲んできた。

ここでミウラは島民の苦情や依頼と真摯に向きあい、相談の列は赤レンガ壁の外までつづいた。大は軍政に対する不満、小は夫婦喧嘩の仲裁までさまざまな相談が持ち込まれた。具体例は下記するが、ミウラがバリ人と日本人の対立を和らげ、バリ人の生活の安定と平和を強く望んでいたことがわかる。

当時のことをよく知る戸川は手記にこう書いている。

「三浦さんと親しくしていただいて三浦さんの家に入り浸り、三浦さんと歩き回っているうちに、私はバリ人を心から愛し、バリ人の幸福のために時には軍の意向に反対してまで主張を通している三浦さんの情熱に感化されていったのです。バリの人たちに三浦さんは心から慕われていました」

ミウラは島民に対して献身的だった。トラコーマを病んでいる人がいれば患者を軍医のもとに連れていき、マラリヤで寝込んでいるものがあればキニーネ（マラリヤの薬）を与えた。南国ではマラリヤに罹患する人が多かったが、キニーネは軍部が抑えていたため民間には出回っておらず、島民には入手できなかった。それを与えたのである。

ミウラとデンパサール病院長のウイルジョ・ミジョの会話がバリ会報の中に残っている。

「ドクター、この病院にある薬はインドネシア住民のためのものである。もし日本人が要求しても与える必要はない」

「わかりました。しかし私が要求を断って、叱られたり、叩かれた場合、誰が私を助けてくれるでしょう」

「それなら誰が来ても薬を隠してください。事件が起こらぬように」

つまり薬を隠しておき、こっそり服用させろといったのである。

その時、ウイルジョ・ミジョは、ミウラが本当に住民を愛していると知ったという。

日本軍からの相談も多く持ち込まれた。温和なミウラがもっとも激怒したのは、将校たちからの女の世話だった。稗方は当時のことをこう回顧している。

「夜、デンパサールよりシンガラジャに行く途中、三浦先生が女性の嬌態《きょうたい》を聞き機嫌を損ねたことがあった。あらゆることを先生にお願いしても女性軍のことのみはお願いするわけにはいかなかった。慰安所の設置もラジャにしてもらった。あの聖人の先生に、どうしてこのようなことがいえよう。ゆえにあの方面で注意されると、とてもつらかった」

慰安所は兵たちの性の処理をする場所であるが、バリ島には二万以上の大小さまざまなヒンズー寺院があり、伝統的な儀式を維持し、神々を敬う宗教心そして貞操観念が強い人々が住んでいる。そんなバリで日本軍は上陸後、慰安所を作り各部落から慰安婦を出させた。それまでバリには浮浪者と売春婦はいないといわれていたが、部落長にいいふくめられた貧しい家の娘が慰安婦として身を沈めていった。ミウラは何人かの女性を救っているがすべてを救えるものではなかった。心を痛めたに違いない。

占領下のバリ島でミウラの存在が、日本軍の暴力行為を最小限に食い止めることができたといっても過言ではない。

戸川、ウイルジョ・ミジョ、稗方の言葉、そして人々への対応をみるとミウラの人格が明確に見えてくる。ミウラが優先したのは隣人であり、彼を育んだ秋田時代となんら変わることのない人間愛だった。人への愛より国策が優先する時代、日本人なのか、それともバリ人なのかと軍にうとまれ、日本軍と島民の狭間で苦しんだミウラであるが、その存在は戸川のいうようにまさに聖人だったのである。

キリスト教でいう受肉、神の子として、人間のように生活する、ここに人の心を打つミウラの崇高な生き方がある。

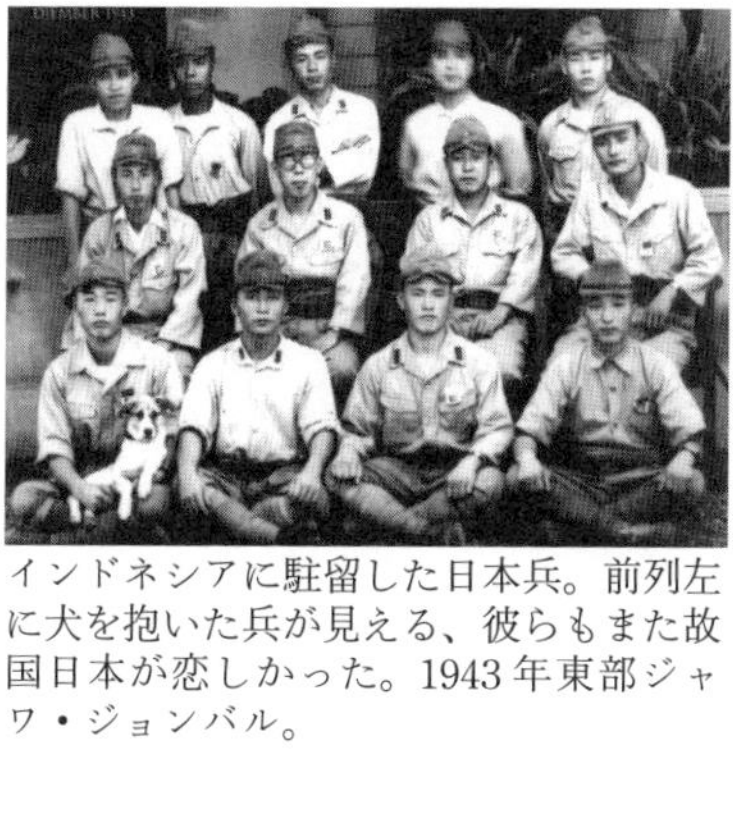

インドネシアに駐留した日本兵。前列左に犬を抱いた兵が見える、彼らもまた故国日本が恋しかった。1943年東部ジャワ・ジョンバル。

バリ畜産会と三浦商会　*1943.2.*

日本軍は蘭領東印度上陸後、隣組組織、日本語教育など多くの制度や組織を持ち込んだが、その中でも島民に課した道路税（一人頭年二円の人頭税）と自転車所有者全員への税は、悪税として島民から不評だった。民生部にとっては両者とも税制収入が多く財政に影響すると拒絶したが、ミウラの強い要望によりこれらの税は撤廃された。汽車やその他の交通機関にとぼしいバリ島では、自転車が庶民の足だったのである。一九四三（昭和一八）年、二つの税が廃止されると集落から集落への道は、民族服を風になびかせ自転車で走る人々の姿がよみがえった。

ミウラは一九四三（昭和一八）年六月、民政部の無料嘱託となり軍との直接のかかわりがなくなった。

ある日、民政部の国崎内務長がミウラを呼んだ。国崎は海軍大尉であり、前年一〇月、メナドから転戦し内務長職に就いていた。ミウラに信頼を寄せる一人である。

「ミウラさん。この島で何かやりたいことはありますか」

ミウラは少し考えたあとで、「バス事業とホテル経営をやらせて欲しい」といった。

当時、島内に六〇台の乗り合いバスがあったがすべて老朽化し、戦時下のバリ島で部品を調達することは困難であった。ホテル経営もしかりで観光客の誘致は不可能であった。ミウラの二つの要望は、若き日の事業家への夢が捨てきれずにあったこと、一方見方を変えれば、前者は島民の足としてのバス、後者は島民の雇用促進であり、バリ人の自立のためであった。いずれにしろ戦争終結後のことを視野に入れていたことは確かである。

ミウラは、島内の畜産売買を一手にあつかう「バリ畜産会」を国崎内務長に要望し、軍部の食料増産体制が後押しすぐに認可された。

バリ人の自立をミウラはめざした。そのためむずかしい渉外は自身がやり、一般業務の運営、経理のすべてをバリ人にやらせ、ほかの日本人を参加させなかった。バリ人主体の会社、それが理想だった。

それまで島内の事業の多くは、華僑とアラブ人に独占されバリ人の事業はないといってもよかった。仮に事業を起こしても小資本では到底彼らに太刀打ちできなかった。

インドネシアの独立にそなえ、ミウラは島内に存在する優秀な独立革命に意を燃やす青年たちを集め雇用した。

ここで注目したいのは、アジアの開放、インドネシアの独立の約束をミウラが忘れていなかったことである。そして「バリ畜産会」の純益はバリ人の豊かな生活、つまり厚生のために充てられたのである。

島の道路修理を指導するミウラ。

現地人のための事業、それは蘭領東印度下や日本軍が占領した他のアジア地域でもありえないことで、そこにミウラのすごさがあった。

バリ畜産会は軌道に乗ると、デンパサール、シンガラジャ、ネガラ、クルンクン、カランアサムの各地域に支店をもち、一ヶ月一万五千頭の牛豚をあつかった。例えば、デンパサール工場ではイグスティ・クディクントリが工場長となり職員は一三名、関連事業、関連者を含めると数百人の雇用を生んだ。それは長い間植民地下にあったバリ人の諦念を払拭させ、事業の成功は現地企業をしのぐようになったのである。

バリ人たちはいった。

「日本人が指導すれば我々にもできるのだ」

ミウラとバリ人の努力と熱意は力となり結実し、島民の自信につながり、さらにババ・バリとしての存在感をましていったのである。ミウラへの評価は、日本軍政がバリ畜産会に学べ、といったことからもうかがうことができる。

全島から集められた牛や豚は、生産者に相応の対価を払い、デンパサールの工場で加工され台湾やジャワなどに出荷された。その利益は「バリ畜産会」の経営に供した。そして同年一〇月新たにミウラが近くの民家を借り設立したのが「三浦商会」である。

経営者としてのミウラの手腕は、ここで発揮される。三浦商会の経営はデンパサールの貧しい人たち一〇数名を集めて開始され、畜産からでる牛の骨で歯ブラシや洋服の釦《ぼたん》を作らせスラバヤの海軍軍需部に納め、その代金はすべて彼らの賃金として払われ、ミウラはもらわなかった。そしてミウラの監督下、具体的業務はすべてバリ人にまかせ、軍にたいしての責任はすべて彼がとった。

ここでもミウラの存在感が浮かびあがる。ババ・バリとよばれるゆえんである。

三浦商会を設立した一九四三年、日本の戦局はますます悪化、各地で日本軍は敗走、玉砕をくり返し、若き将来のある学生たちも戦地に送られた、学徒出陣である。

バリ島でも日本軍の防衛陣地作戦がはじまり、陣地構築のための資材として椰子の木を伐採す

ることになったが、住民は強く反対した。椰子の実は、飲料水であり、食用であり、食用油として用いられ、生活上、信仰上重要なものだったのである。また日本軍の塹壕作りは、神様の恵みで作物が大きくなるとバリ人が信ずる田畑もつぶし、防衛本部用の洞窟を掘るには労働力、いわゆるロウムシャの供出もしなければならなかった。これらを軍が強制すれば島民との間に大きな溝ができる、そんなとき損な役回りをするのはミウラだった。

郷土防衛義勇軍　*1944*

第一章で郷土防衛義勇軍や兵補を簡単に記述したが、もう少し詳しく説明したい。

米英との戦闘で人的・物的資源を大量に必要としていた日本軍は、攻略した蘭領東印度にそのまま兵を止め置くわけにいかなかった。一九四三年になると日本軍はインドネシアに日本の勝利との交換条件でインドネシアの独立を約束し、日本軍の補填軍事力として郷土防衛義勇軍や兵補を組織した。その指導にあたったのは日本兵であるが、日本政府の真意は独立とは別物だった。兵補は日本軍の補助部隊であり、軍事訓練を受け、小火器で武装し、戦況の必要に応じて組織され、日本軍と行動を共にした。郷土防衛義勇軍は、各州から優秀な青年を選び、徹底訓練をし、日本軍の指揮下にあったものの、その編成はインドネシア人に委ね

インドネシア人による郷土防衛義勇軍の訓練。

られた。

バリ島では、郷土防衛義勇軍の募集要項をバリ新聞社が印刷し村長、区長から島民に宣伝され、ミウラも全島をめぐり青年たちの前で演説をした。

「今、日本は一人でも多くの若者を必要としている、我々と一緒に戦い連合国を破り、君たちの祖国を独立に導きたい。バリ島はバリ人の手によって守らねばならない、そのためには若い青年諸君が必要である。ぜひ諸君には郷土防衛義勇軍に入り郷土防衛の戦士になってほしい」

郷土防衛義勇軍の募集に島内で約千名の候補者があり、幹部要員として王族、郡長、名門の出身者を選出し、四月八日に五百名で入隊式をシンガラジャの旧オランダ軍兵舎で行った。郷土防衛義勇軍の選考にもれた者は、のちに一般兵として応募している。

また、日本の敗戦にはじまる独立戦争の中核となったのはこの人たちである。


二〇〇九年私は元兵補のブラボーさんをジャカルタに取材した。そのとき手渡されたのが、日本政府宛の未払給与請求書である。残念ながらいまだに戦後処理は終わっていない。

食料増産体制ができ郷土防衛義勇軍が設立され戦時体制が強まるなかで、ミウラは日本軍の戦況悪化をどれほど知っていたのであろうか。外地にいたミウラが全波受信機オールウエーブラジオをもち、バリ島から近いニューデリー放送やオーストラリアからの放送を聴いていたことは確かである、ということは山本五十六の戦死や制空権、制海権がすでに敵側にあることを知っていたと考えていいだろう。聖戦を叩き込まれ、厭戦気分のアメリカとは精神で優っている、と教えられた国内にいた日本人とはちがい、外地生活が長いミウラが大局的見ていたことは事実である。そうすると日本が危ういと思っていたと考えられる。

大好きなちょびひげのおじいさん　*1944.4.*

カリアサム通りの赤いレンガ壁の奥から子どもたちの声が聞こえてくる。声だけを聞いていれば平和な家庭を想像するにちがいない。しかし壁の奥、つまりミウラの家から聞こえてくる声の主たちは、戦前からバリに来ていた日本人漁夫とバリ人、華僑の女性との間にできた子どもたちで、開戦とともに父親がオーストラリアに抑留された孤児、あるいは母親だけの恵まれない子どもたちだった。ミウラは学齢期の子は学校に通わせ、それ以下の子はバリ人と華僑を雇い面倒をみさせていた。その中にはミウラが慰安所から救った女性もいた。

ミウラが疲れた体で門扉を抜けると歓声が聞こえてくる。ミウラの気配を感じ取った子どもたちである。そして一斉に外に飛び出した。

「あ！　ちょびひげのおじいちゃんが帰ってきた」

「わー。帰ってきたよ」

子どもたちは、大好きなちょびひげのおじいちゃんのもとにかけよった。ちょびひげのおじいちゃんとはミウラのことである。

コジロー（一二歳）、アキラ（一二歳）、タカシ（六歳）、タミオ（六歳）、シオコ（八歳）、キヨコ（五歳）、ショウキ（五歳）、ミナコ（三歳）、カノコ（一歳）など、子ども

父親がオーストラリアに抑留され、ミウラに引き取られた子どもたち。

ミウラが戦中養育した子どもたちと手伝いの人、全ての人はミウラを愛しミウラに愛された。

たちには皆日本名がついている。多いときは三〇人ほどの子どもがいた。

「きょうは　みんな　いっしょうけんめい　べんきょうしたかな　良い子にしていたかな」

ミウラがいつも子どもたちになげかける言葉である。丸めがねの奥の瞳がやさしくほほえみ、日本にいるわが子の姿をかさねていた。

「おじいちゃん、あの歌うたって、うたって」

「あのうた?」

ミウラは額の汗を拭くと、「どんなうただったかな」ととぼける。

「こんなうたよ」

シオコがミウラの腕に手をかけると口ずさんだ。

「♪～　♪～」

「わかったよ、シオコ。夕やけ小やけだね」

シオコは音楽が好きでピアノが得意だった、こんなご時世でなければ日本につれて帰り教育をしたいとミウラは思った。

「みんなで夕ごはんをきちんとたべたら　お歌をう

たってあげよう」

子どもたちが喚声をあげた。

ミウラは衣服を脱ぎマンデー（水浴）場に向かった。水槽から水を汲み一気に体にかけると一日の疲れが流れ落ちていった。今が大変なときだ、今を乗り切れば日本は勝利しバリの人たちに幸せを与えられると思った。腰にサロンを巻き中庭にでると風がやさしく頬をなでた。今日も無事に終わり子どもたちと過ごせる時が来た、心地よい風に誘われ心地よいバリ島の夕がはじまろうとしていた。

アキラの調子はずれの声が室内から聞こえてくる。いつもアキラはミウラをせかせるために調子はずれの声で歌うのだった。

「この日　この空　この日から～♪」

アキラの声に続いてシオコ、キヨコがそして子どもたち全員の声が響きわたった。中庭からミウラの声がきこえた。

「仕方のない子たちだね」

子どもたちのそばによると一人一人の頭に手をやった。

アキラは、沖縄出身の漁師の父・上地勝次郎とバリ人の母親との間に生まれた子で、父は開戦と同時に捕らえられオーストラリアの収容所に入れられ、母はすでになく身寄りがなかった。アキラは、一九七三（昭和四八）年沖縄でに父と再会している。

子どもたちの歌がバリ島の星空にひびいていた。

こんなときミウラがいつも思い出すのは、仙台に残したわが子のことだった。目を閉じると久子がピアノを弾き、道子、栄子が、そしてしげが歌う賛美歌が聞こえるような気がした。それはしげの好きな賛美歌五〇六番「たえなる愛かな」ではじまるきれいな旋律の歌だった。

「ご飯の用意ができたわよ」

賄婦のイブ・クブラックがいった。

「子どもたちクブラックおばさんのお料理はおいしいぞ」

食卓には数種類の野菜がのったナシ・チャンプル、バナナの葉に包んだ焼き魚ペペス・イカンなどのバリ料理がならんでいた。

ミウラは、椅子に座ると静かにお祈りをした。

「今日ここに一日を無事におえ、子どもたちと平穏な食卓を囲めますことを感謝いたします」

お祈りは簡単なものだったが、ミウラは機会をみては子どもたちをキリスト教の理念にもとづいた教育をした。それは平等と博愛と奉仕の精神が基本だった。

子どもたちと食べる食事はおいしいかった。「コジロー、肘をついて食べてはいけない」「タミオ、背筋を伸ばして食べなさい」「タカシ、べんきょうはしたか」「シオコ、そうじはしたか」、ミウラは子どもたちに話しかけることによって健康状態を把握し、健やかに育つことを願った。それは祖国のわが子にしてあげることのできない父としての愛を、養育している子どもたちに転嫁しているようでもあった。

私が仙台のご遺族を取材したとき久子さんが、こんなことをいった。

「父がバリ島の子どもたちのことを楽しそうに語るとき嫉妬を感じた」

ミウラは、わが子を愛したように、バリの子どもたちにも全身全霊の愛を注いだのだった。

「おじさんのめしはまずいか」

ミナコの食が進まないのを見てミウラはきいた。

「うん、きょうはすこしおなかがいたいの」

「そうかそうか。なにか悪いものを食べたかな。それなら無理して食べなくてもいいよ。あとでおばさんから正露丸《せいろがん》をもらおうね」

「せいろがん？」

ミウラの言葉にミナコが怪訝な顔をした。

「どうした」

「だって……、あのくさいおくすりでしょう」

「そうだよ」

「あれ、くさくて、いやだ」

ミウラはミナコの頭をなぜると
「ミナコちゃん、むかしから、りょうやく口ににがし、といってよいお薬はにがいものなのだよ」

「おくすりにがいの？」

「ア、ハハハ！　これは中国の言葉で、〝忠言は耳に逆らえども　行いに利あり　良薬は口に苦けれども病に利あり〟というんだね。ミナコにはまだむずかしいね」

「そうだよ、ミナコちゃん。ぼくものんだけどすぐにおなかがいたいのがなおったよ」

そばにいたタカシがしったかぶりしていった。

「ほー、タカシはこの言葉をしっていたか」

タカシが照れわらいをした。

ミウラと子どもたちのやり取りを見ていたクブラックおばさんが「はい、これ。おいしいおくすりよ。ミナコちゃん、どうぞめしあがれ」というと、まわりにいた子どもたちが一斉に手をたたいて喜んだ。

ミナコは小さな手のひらに正露丸をのせると、苦虫をつぶしたような顔をして一気に飲み干した。子どもたちはさらに手をたたき喜んだ。

ミウラは立ち上がりピアノの前に立ちポンっと音を立てた、子どもたちがミウラをかこんだ。

シオコの伴奏で国家「君が代」が演奏され、つづいて童謡が弾かれた。

おててつないで　のみちをいけば　♪
みんなかわいい　ことりになって

(右) ミウラが支援をしたデンパサール女子師範の生徒たち（ネクタイ姿がミウラ)。(左)ミウラが南方留学生として日本に留学させた二人。左がケプトン、右がダルマウィサタ。1944年、ミウラ一時帰国時に早稲田の写真館にて撮る。

うたをうたえばくつがなる
はれたみそらにくつがなる　♪

子どもたちの甲高い声が、バリの夕闇の中に吸い込まれていった。

シオコが演奏をまちがえた、するとタカシが「まちがえるなよ」と口をとがらせた。ミウラがタカシにいう「気にしない、気にしない、どうせタカシにはピアノはひけません」

子どもたちの歌声がさらに大きくなり、ミウラもリズムにのった。ミウラの側近プジャは、そんなほほえましい光景を何度も見ており、後年「バパ・ミウラは、勉強やしつけは厳しく、教育熱心で、子どもたちを心から愛していました。子どもたちにとってバパ・ミウラは父親であり、バパ・ミウラにとって子どもたちは心の支えだったのです」といっている。

ミウラが子どもたちを養育していることを知った民生部は、「置き去りにされた子どもたちの養育は、本来日本政府がやることである、援助したい」と申し出たが、ミウラはバリ畜産会からの給料で十分にやっていける」と断っている。

ミウラの教育支援は置き去りにされた子どもたちにかぎらず、民生部が資材難を理由に断ったバドゥン分県公立学校の老朽化校舎改修や日本軍が占領政策として設立した中学校や男女師範学校など多岐にわたる。また南方留学生としてケプトンやダルマ・ウィサナなどの優秀な若人を推薦し日本に送っている。ミウラの教育理念は、教育の中立性とバリ文化や習慣への政治不介入にあったのである。

ミウラの体調悪化　*1944.5.*

ミウラの家はプジャからの借家で、夕方になるとミウラの帰りをまつように青年たちが集まった。メンバーはプジャ、カトン、スランガン、スダナゴン、クトットウイナチャー、スプラタなどバリの将来を背負う若者たちである。そして藤岡、小玉、越野、魚住、国分などミウラに好意をよせる日本人も集まった。

空け放った窓から夕風が心地よく入る。紫、白、黄色と色とりどりの花が居間に飾られ、風の小室内に花の香りがただよう。

「ミスター・プジャ、蘭の花はどのくらい品種があるか知っているかね」

ミウラはプジャをミスターという称号でよんだ。

「そうですね、百種類くらいですか」

「スランガン君はどうかね」

「僕もそのくらいかと思いますが」

「二人とも残念だが、蘭の花は世界に一万五千種類以上あるそうだ、それもすごい生命力でね。バリにあるのが色の鮮明なカトレアという種類、そして優雅に咲くのが胡蝶蘭《こちょうらん》とよばれる洋蘭だね、花言葉は優雅な女性、咲いている姿が実に優雅だ」

「そうですかそんなに種類があるのですか。それでは今度は私が質問をします。ババ・ミウラ、よろしいですか」

「ほう、ミスター・プジャの反撃だな」ミウラは笑った。

「オリズルランの花言葉は」

「ミスター・プジャ。私の勝ちだな、オリズルランの花言葉は、守り抜く愛そして胡蝶蘭が純粋、まるで君たちのようだ、そしてもう一つオリズルランの花言葉には祝賀がある。君たちが純粋にバリを守りぬき、先にくるものが祝賀、つまりこの国の独立だよ。バリ島がオランダに侵略されたのは、一九〇六年のバリ戦争のときだ、このとき各ラジャ一族、兵士ともども白装束に身をまとい、クリス（短剣）とトンバック（槍）をもって戦った。近代兵器をもつオランダ軍に攻撃して玉砕したププタンは有名な歴史的事実だ。この戦争は、バリはもちろんアジア一〇億のための開放運動だ、インドネシアは必ず日本の力で独立させる、日本人はけしてうそをいわない民族だよ」

クブラックおばさんがバリコーヒーを持ってきたが、ミウラは「私はティーにしておくれ胃の調子がわるいからね」といい、話をつづけた。

「ミスター・プジャ、日本は日露戦争でロシアを破り植民地化されていたアジア民族を覚醒させた。それは歴史の事実だ。日本の大東亜共栄圏は、植民地下で民を搾取した欧米を駆逐し、民族の自立と解放をはかろうとするものだよ。そして将来あるのが君たちの国の独立だ。ミスター・プジャ、今は犠牲の時代だ、つらいこともあろうが今を乗り切らなければ、この国の未来はない」

日本軍が宣撫策として使った「民族解放と団結」。それをミウラは胡蝶蘭のように純粋に素直に信じてきたのである、そこにミウラの悲劇があった。話はつづく。

「だからこそ日本人は、大東亜共栄圏の名主として襟をたださなくてはいけない。バリ人に尊敬され、信頼されるため勤勉で正直でなくてはならない。しかし最近の日本人を見ていると残念です」

上陸当時の部隊はすでに転戦し、当時を知るものも少なく、戦局が悪化するにつれ兵士の横暴が目立つようになったのはこのころからである。

「ミスター・プジャ、そしてスランガンよ。君たちは激変する情勢の中で、我々とは何かを問うことが必要だ。時間に流されてはいけない。人は旅に出て、自分の持っていったものだけを持ちかえるという、ゲーテの言葉がある。君たちにはインドネシア人という名前しかありえないのだ。バリはバリ人の手で守らねばならぬ、そのため若い青年たちは一人残らず戦士になることだ」

若人との語らいは、ミウラにとって休息であり活力のもとだったが、南国での過酷な任務がミウラの体をむしばみ、健康は日ごとに悪くなっていった。

一時帰国　*1944.6.9.*

一九四四（昭和一九）年五月七日、周囲からすすめで帰国を決意したミウラは、バリ畜産会などの職員を集めた。

五月七日の「三浦日記」。

「五月七日（日曜日）畜産会、三浦商会、畜産支部長三三名会合。病気のため帰国すべきを語り、畜産会の目的、軍に協力して畜産の集荷其の他を迅速円滑ならしめる事、島民の為利福興進を計る事等を説き彼ら等の覚醒を促す。一二時　支那食堂にて食す。此の日彼等の労を多としコントリー、スマデ、ニョーマン各二〇円、アックマ一五円、各支部長一二円半、各位一〇円を郵貯するを条件に贈呈。各男女一円、従来の職工二円五〇銭を送る。合計八百十円となる。自分は食さず帰宅。手紙其の他の整理、荷造り等をなす」

五月八日の「三浦日記」。

「朝、藤岡氏来訪。民政部、台銀、畜産会へ。午後司令を訪問。約一時間語る。内務長不在、棚橋組の渡辺氏来訪。カダトン工場へ子供等と自動車にて訪問（前日バリ新聞社に赴き子供等の写真を撮って貰う事を乞い三時撮影）前日視学に来て貰い家庭教師の適当なる事を頼み、学童の絵画を依頼す。此の教員来る。月水金、四五分、さらにピアノ、四五分教えて貰う事にした。謝礼一〇円。此の視学来訪、約束の小学生絵画、バリの児童数等調査せる物を持参、多謝多謝。翌日出発のお別れに子供等とスキ焼きをやる。婦人会代表四人来訪、元はハルマンヘラに居りし夫妻、陳国治、スイヤン、内務長、先日工業学校生徒の絵画を恵与せられし山片君、室川君も来訪、一二時近くまで荷造りをする。灸を据える」

ミウラの二日間の日記には、畜産会、三浦商会の現地スタッフへの思いやり、お世話になった人々への御礼、不在中の子どもたちの教育問題などが書かれてある。

当時のミウラの体重は五五キログラム、身長が一六五センチ前後、半年前の日記には六四キロとあり、一〇キロの激減である。

激減で疑うのは癌である。取材中、バリ会の方がミウラは癌だったと証言したが、もし癌だった場合、自決の真意に自病説も浮上しやっかいなことになる。

ミウラの帰国をバリの人々は危惧した。戦局が悪化し、ミウラが無事バリ島に戻れるかどうか心配したのである。

ミウラは信頼するプジャたちを集め、「半年したら必ず帰ってくる、私はバリで死にたい」と言い残し、九日にバリを出立した。

一七日、ミウラはスラバヤから氷川丸に乗船し、約三週間後の六月四日に佐世保に着いたが、その間スラバヤなどで連合軍の爆撃を受けている。本土の土を踏んだその足で小倉の妹・シズ(原鉄太郎と結婚)、奈良の兄・懿美を訪問し、仙台に着いたのは一二日であった。

仙台の家族とともに　*1944.6.12.〜*

紫陽花の花がそぼ降る雨にぬれている。

ミウラは廊下の籐椅子に座り、バリ島の雨とはちがうやさしさを感じていた。隣室から久子の弾くピアノの音が流れ、雨の中に吸い込まれていった。ミウラは疲れた体を籐椅子に横たえ、まるで戦争が嘘のようだと思った。ミウラは立ち上がり久子に近づいた。久子はミウラを見るとピアノの手を休めほほえんだ。

「久子、戦争はよくないな、人の心を荒くしてしまう。やはり人の心を和らげるのは音楽だね。やがて戦争も終わり平和が訪れる、先のことを考えると今からしっかりと音楽の勉強をやっておくといい、久子、エリーゼのためにを弾いてもらえるかね」

久子の指がすぐに反応し動きはじめた。かろやかな旋律と雨音のコラボレーション、ミウラは至福のときを感じた。

「お父さん、久子、ご飯ですよ」

しげの声が台所から聞こえた。ピアノの余韻が室内に残った。家族が卓袱台を囲み、神に一日の平穏を感謝した。

「お父さん、戦争はいつ終わるの」栄子がきいた。

「そうだな、お父さんもよくわからないな」

「お父さん、東京に爆弾が落ちたようですが、仙台は大丈夫なのでしょうか」

「そうだね、仙台もないとはいえないね、何しろ軍都だからね。もしものときはお母さんのいいつけを守り防空壕に避難しなさい」

ミウラが家族のために庭にある防空壕の手直ししたのは、帰国した翌日のことだった。

「そう、お父さんたら防空壕の中に椅子まで作るんですもの、おかしかったわ」

「そうそう、私腰かけたら、ちょうどいいのよ」

「そうだね、あれは子ども用だけどお母さんにも座らせてあげるといいね」

久子も栄子もこのまま父が南方に帰らずにいてくれたら、どんなにか心強いかと思ったがいい出せずにいた。卓袱台には、庭でつくった野菜と近海で取れた魚、そして味噌汁がしげの手によって用意されていた。

最後の思いで ***1944.8.9. - 12.***

一九四四年八月九日、燦燦と照りつける太陽の下、白い砂煙を上げながらボンネットバスが北上していた。一日二便のバスの中にミウラ、久子、栄子の三人が乗っていた。久子と栄子はバスが揺れるたびに「キャッ!」といって悲鳴をあげた。二人の頭が人に触れないようにミウラは手めていた。

で支え、久子、栄子は父の手を強く握っていた。父の手のぬくもりが伝わる喜びを二人はかみしめていた。

ついこの間も父と汽車に乗り飯坂温泉に行ったばかりだった。汽車に乗ると心が躍った。黒い煙を吐きトンネルに入る、「お父さん、窓をしめて、早く！」、二人は何度もさけんだ。そのたびにミウラは笑顔を二人になげかけ窓を閉めるのだった。

飯坂温泉の宿から見える川に銀鱗が群れをなして泳ぎ、二人は夢中になった。「久子、栄子、双眼鏡をもってくるとよかったね」といった父、またこうしてバスにゆられている幸せを二人は感じていた。

「うふふ……」栄子がミウラの顔をみて微笑んだ。

「なんだい、栄子」ミウラがやさしいまなざしで栄子を見る。

「だって、こうしてお父さんといられるんだもの」

バスは田園の中を走り、北上川を渡河すると山間部に入り、左に小淵山を望み釜谷峠にかかると黒煙をはきあえいだ。やがて峠を越えると視界が一気に開け、きらきら光る雄勝湾が見えた。

雄勝町は宮城県東北部の太平洋に面する小さな町で、町の面積の八割は山間部である。海の幸に恵まれ今ではわかめ、かき、ほたての養殖が盛んで、雄勝の硯は約六百年の伝統をもつ芸術性の高い工芸品である。しかし戦前は漁業とわずかな畑を耕し、塩を作り物々交換し生計を立てていた寒村であった。また遠洋漁業もさかんで九〇～一〇〇トンの船で出漁していたが、多くの船は軍に徴用され港はさびれていた。

「わー、きれい」

「久子、栄子、絶景とはこのようなことをいうのだよ」

「ぜっけい？」

「そう、もう学校で習ったかな、あそこに見えるのが白銀崎、その裏側が峠崎、岩がゴツゴツと複雑に入り組んでいる、あれはリアス海岸といって東北地方の特有の海岸線だね。このような場所では、うに、あわび、そしてわかめなどたくさんの海産物がとれるわけだ」

バスは雄勝湾を望む白砂の前で停車した。三人が降りると真夏の太陽が照りつけた。

「お父さん、あついわ」

栄子がたまりかねていった。

「栄子もう少しがまんしなさい。あそこにみえる家がお父さんの知り合いの家、今日はあそこに泊まるからね、着いたら海水浴にいこう」

「え、ほんと！　チャコちゃん海であそべるよ」

久子と栄子は手を取り合って喜んだ。

海の見える小高い丘の上に郵便局記号のついた家がある。二階建ての海に面した部分が郵便局で、山に面した平屋の一部が住居になっている。ミウラたちが訪ねた家は、尚絅女学校の久子の同級生・山下節子の実家だった。

山下の住居をたずねると少年が「かーちゃん、だれかきたぞ！」と大声を出し奥に消えた。すだれが海からの風にゆれている。浜からの風が庭の草花の上をとおりすぎた。ミウラはかんかん帽を取り額の汗を手ぬぐった。バリの風に似ていると思った。

帰国して二ヶ月の間、ミウラは東京の軍司令部南方政務部、呉、京都にある製缶製造機械工場、歯ブラシの植毛機械工場などをおとずれている。いずれもバリ畜産会、三浦商会の経営支援要請のためである。その間、バリ島にいる日本人留守家族をたずね慰労している。ミウラは自分を省みず人々のために奔走したのである。

前述したミウラの癌説であるが、六月二二日の「三浦日記」には癌でないとの医者の見立ての記述がある。もともと胃腸が悪く若いころに胃潰瘍をわずらったことがあり、ミウラの癌説はその再発と結論づけるのが妥当である。

ミウラは子どもたちと小旅行ができることの喜びをかみしめ、心身の安らぎを感じ、体が回復方向に向かっているのを実感したのだった。

「いつお帰りでしたか」

山下家の主人・山下松四郎が訊いた。

「仙台には六月の一二日に着きました」

「また南洋の方へ」

雄勝小学校の配属将校である松四郎は、海軍軍属奏任官のミウラに敬意を表した。

「そうですね、用事が済みしだい帰りたいと思いますが」

先ほど廊下にいた少年がスイカをもって現れた。一〇歳の山下寿郎である。

二〇〇九年五月、私が山下家を訪れると寿郎はこの日のことを鮮明に覚えていた。

「ミウラさんは白服の上下で都会の人という印象で、いつもニコニコしていました。久子さんたちも都会の子という感じでここらの子とは少しちがいました。次の日から私や近所の子どもたちと川遊び、お手玉、かくれんぼをして遊び、私らは都会の子が珍しく久子さんと栄子さんの後を金魚の糞のようについて廻ったものです。今は使っていませんが郵便局の部分は増築した部分で母屋から階段で入ることができます。二階には電話の交換手がいて、それがおもしろいらしくのぞいては交換手にしかられました。井戸端で親父がかつおをさばいていると珍しそうに眺めていたのを思い出します」

寿郎は、戦後雄勝町長に就任し地域に貢献している。

久子たちが遊んだ山下寿郎の家は高台にあったが、東日本大震災で津波を受け被害を免れることはできなかった。

ミウラと松四郎が話をしていると、山下の妻・千世子がミウラに挨拶をし「スイカとはたんきょうはどうだい」といって盆に完熟したスイカと赤い実を置いた。

「さー、二人もここに来てお食べ」

「チャコちゃんどっち食べる」

久子と栄子は、目を合わせミウラの顔を見るとスイカを手にとり縁側に腰を降ろした。

「これは、おいしいですな」

ミウラが熟れたスイカを口にするといった。

「どうです南洋の果物に比べると」

「向こうのもいいですが、これは絶品ですな」

ミウラがいうと松四郎もわらった。寿郎がはスイカの種を、口から「ヒュー」と音をたて飛ばした。

「だれのが、一番とぶ?」

久子と栄子を見て寿郎がいった。

「ヒュー」「ヒュー」

三人は何度も音をたてきそった。

「わー、はりついた」

久子が声を上げた。久子の吹き飛ばした種は、庭に干してあった白いシーツについた。

「あは! おれのもついた」

寿郎がいった。さらにおもしろがって三人は飛ばした。

「だめだよ。それは今夜久子さんと栄子さんが使うシーツだからね」

千世子が叱責した。

「いいですな、子どもたちはすぐに仲良くなって」

「そうですな」

大人たちが笑った。ミウラは平和を実感した。この日、ミウラは松四郎に黒檀でできたバリ彫刻を土産として持参している。それは今でも山下家に保管されていた。その夜、ミウラは松四郎の紹介で海沿いの山丸旅館に泊まり、久子と栄子は山下の家に泊まった。

八月一〇日の「三浦日記」(ミウラ五六歳の誕生日)

「誕生日也。朝の内小雨だったが七時ころ止む。朝食後山下サンの八重チャン始め子供等来る。山下サンの家にいって居る時山下先生（雄勝小学校主席訓導）が小学校で話をしてくれと来られ宿に帰り学校に行く。三年以上約五百名、講堂にて話をする。十二時了る。校長（高橋サン）等と昼食、帰宿。八重チャン、イネ、ケイチャン等久子栄子とで硯浜に泳ぎに行く。風あり水冷たし。帰宅後一同と山下シゲチャンの墓参りに行く。約一キロの山の上であった。祖父慶助サン後より来られる。夜宿に子供等来訪、話をする。」

しげ子とは、昭和一一年に亡くなった寿郎の妹である。

私は日記を読み、ミウラがこの日、雄勝小学校で何の話をしたか興味をもった。というのはミウラは同時期に栄子の通っていた宮城県女子師範付属国民学校（現・宮城教育大付属小）に行き、多くの職員の前で「この戦争は日本が負ける」といっているからである。

栄子はその時のことをこのように話している。

「父の言葉に、職員室とそれにつながる校長室は氷つきました。私の学校は軍国主義に徹した学校だっただけにハラハラして聞き、恐ろしかった。父はおかしくなったのか、それとも学校の先生のいっていることがまちがっているのかと思いました」

久子も同様の話をしている。

「同じ様な話を父は尚絅女学院でもしましたが、学校の先生は父のことを悪くいいませんでした」

おそらく職員の反応のちがいは、国民学校とミッションスクールとの相違であろう。

当時の毎日新聞にこんな記事がある。「竹槍では間に合わぬ、飛行機だ、海洋防空機だ」。内容は防戦態勢に対する批判だが、記事は差し押さえられている。

ミウラの発言は、当時としては危険極まる非国民的発言で、幼い栄子が心配するのも無理からぬことである。

問題は、ミウラが子どもたちを前に戦争遂行を鼓舞したのか、それとも反戦的内容を話したのか、ということである。おそらく船で帰国する最中、制空海権がすでに連合軍の掌中にあることを知り、この戦争は敗けるとミウラは感じたのではなかろうか。

私は寿郎に講演の内容を覚えているかとたずねたが、幼かった寿郎にその記憶はなかった。

海から浜風が吹き、山野では蝉が「ミーンミーン」とうるさいほどに鳴いている。夕方にはうすい桃色の月見草が咲き乱れる。東北の片田舎の平和な時間の中に、誰が戦争を想像できたであろうか。しかし太平洋の島々では激戦がつづき、兵は死に、地獄と化していたのである。

私は雄勝の山下家を訪ねる前、久子と栄子に会っている。彼女たちの記憶のなかには寿郎、八重チャン、イネチャン、ケイチャンといった子どもたちの名前があった。二人は父との最後の旅を海で泳ぎ、小船に乗り、果物を食べ、松四郎が井戸端でカツオをさばくのを見て過ごしたのである。二人の雄勝での父との記憶は鮮明に残っていた。

※

山下の家から一〇分ほどのところに遣欧使節団「サンファンバウティスタ号建造の地」と書かれた石碑がある。伊達政宗の密命を受け、支倉常長を乗せローマに渡った帆船である。

「久子、栄子、昔この小さな港で支倉常長の船はつくられヨーロッパに旅立ったんだね。目に浮かべてごらん、真っ白な帆を揚げた帆船がゆっくりとこの港を出て行く、若人の夢と様々な人間模様を乗せ、はるかかなたの欧州に、目を閉じてごらん、想像してごらん、夢が、希望が見えてくる」

久子と栄子は海に向かって目を閉じた。潮風のにおいがする、やさしい風が頬をなでる。すると不思議なことに、船の上のざわめきや波を切る帆船の姿が浮かびあがった。

「お父さん見えた」

栄子がいった。

久子が目を開けると、青い空に白いカモメが弧をえがいた。父は何かを伝えようとしていた。それは「夢」という二人へのエールであった。それは、父・三浦襄の生き様でもあったのである。

浜にでると砂が二人の足の指にからみついた。波が音を立て押し寄せ三人の足元に押し寄せた。

「きゃっ！　お父さん濡れてしまったわ」

栄子がいった。

「久子、栄子、どうだいぬれたところで裸になって泳ぐかい」

「泳ぐ、泳ぐ」

久子はいうと、裸になり白砂の上に白いワンピースを広げた。ワンピースは目映いばかりに輝いた。

ミウラが久子、栄子と遊んだ雄勝海岸。

「こうしておけば、すぐにかわくわ」

二人は小躍りして海に向かった。ミウラはズボンの裾をたくし上げると二人につづいた。この光景を忘れまい、目に焼き付けておこうとミウラは思った。

「入江の方へいこう、あそこなら波がないからね」

ミウラがいうと久子が駆け出し、栄子、ミウラとつづいた。

「やはりここが泳ぎやすい、あの船のところまで泳いでごらん、お父さんがあそこに立っているからね。最初は久子だよ」

ミウラは一〇メートルほど先にある白い小船に向かい指差しながらいった。

「そうそう、足をもっとバタバタやって、そうそう」

ミウラは数歩前進すると、久子の手を取った。

「今度は栄子だ、顔を水につけて」

栄子は水しぶきをあげ懸命に泳ぐが、二メートルも行かないうちに川底に立ってしまう。

「もうすこしだな、もう一度」

「やだ、水が鼻にはいった！」

「だいじょうぶ、だいじょうぶ、もう一度、さー　挑戦だ」

ミウラは久子と栄子の泳ぎがうまくなるまで、何度も何度も繰り返し練習をさせた。

何回練習をしただろう、どのくらい父に遊んでもらっただろう。久子は幼いながらにもこの日のことを記憶にとどめておこうと思った。

「これで今日はおわりだ、二人ともうまくなった。おじさんの家の廊下にお父さんのボストン

1944年10月頃、自宅前にて最後の記念写真。左から道子、久子、栄子、しげ。この1ヵ月後ミウラはバリに戻る。

バッグがあるよ、そこに着替えが入っているから着替えておいで」

ミウラがいうと二人はうれしそうに山下の家の方に戻っていった。二人の置いていった白いワンピースが風に舞った。そしてワンピースを手に取るとミウラは海辺に立ち愛しそうに抱えた。

村の少年たちが波打ちぎわで遊んでいる。傾いた午後の太陽が燦燦と大地に降りそそぎ、海は輝いた。

久子と栄子は私が取材をしたときに、ミウラが海辺にたつ姿を覚えていた。父のもの悲しい光景は二人のまぶたに焼きつき、後年、その姿をたびたび思い出すことになる。

やがて硯浜に月見草の花がひらき、太陽が西の空に沈むと天空には白鳥座、さそり座、こと座、いて座などが輝きはじめた。

満天の空はバリにつながっている、あの人々は今何をやっているのだろう、この戦争は勝てないかもしれないとミウラは思った。久子と栄子のかわいい寝顔をみるとバリにもどる意志が砕けそうであり、二人があまりに不憫に思えたのだった。

一九四四年一〇月一五日〜一二月一九日の「三浦日記」。

「昭和十九年十月十五日(日)　しげ外三名長町に行く。薪割りをやる。久子、栄子ともに北山に行く三時半。山田、横山両牧師来訪。送別会をやってくださる。入間(食堂のこと)に行き夕食(一人二円六十戦)。空母七隻撃沈発表される。」

「昭和十九年十月十八日　午前畑をやる。雪菜、ホーレンソウの種をまく。毎夜、栄子の算術を見てやる。」

「昭和十九年十一月三日　明治節。栄子学校からパン十四ケ、お祝いもらってくる。午後畑をやっている時、南方政務部より速達来る。飛行機は二十日後とのこと安心する。死線を越えて原住民と約束した帰国を断然履行せねば日本人の信用に関する。男子の一言戦局が如何に吾れ非ざりと雖も、死が行く手に待ちかまえていても使命は断じては果さねばならぬのだ。十一時半、山田、横山両牧師来訪。午後も夜半の畑に豌豆、ホーレンソウの種をまく。」

「昭和十九年十一月二十日　この日、お別れの挨拶廻り、山田、横山両牧師宅で午後五時、海軍省より急電『ジュンビシタ、二五ヒ、マツ』。」

「昭和十九年十二月十九日　バリ島帰着。」

ミウラは日本軍が壊滅的な中で、なぜ戻らなければならなかったのか、戦後生まれの私は、病気を理由にこのまま家族のもとに残ればよいのではないかと姑息なことを考えてしまう。

聖書のヨハネによる福音書の一節にこうある。

「風は思いのままに吹く、あなたはその音を聞いても、それがどこから来て、どこに行くかを知らない。霊から生まれたものもその通りである。」

ミウラは神のもとに生まれ、神の風音を聞き、風に乗ったバリの人々の声を聞いたのである。

いずれにしろミウラは愛する家族とわかれバリにもどったのだった。

藤岡保夫の述懐。「ミウラさんはあの時覚悟をしていた、しかしそうたやすく自決できるものではない、最後の土壇場になって敢行できるものかと揶揄するものがある一方、私の精神の微弱さを謝るものがあり、まったく私の脳裏は錯乱状態を呈していた」約束を守るためバリ島にもどったミウラをまっていたのは、バリ島に殉じる数奇な運命だった。

ウブドにある石窟寺院ゴア・ガジャの前のミウラ。腕章に軍の文字が見えることから１９４３（昭和18）年頃と思われる。

第5章

一粒の麦

※一粒の麦　この言葉は聖書ヨハネ伝第12章24節のキリストの言葉「一粒の麦もし地に落ちて死なずば、ただ一つにてあらん、死なば多くの実を結ぶべし」より引用。

再びバリへ　*1944.12.*

一九四四（昭和一九）年九月七日、日本は第八五帝国議会において、「東印度（インドネシア）の独立を許容するという声明を出した。小磯表明である。戦局の悪化に伴う中で、スカルノや民族主義者の戦争協力を確保する方針からでたものだったが、独立の時期が明示されていなかった。しかしインドネシア国民が歓喜したのはいうまでもない。約三五〇年にわたるオランダの植民地支配と日本軍の圧制からの開放は、インドネシア民族にとって長年の夢である自治統治「独立」への実現に近づいたことを意味していた。

小磯表明は、ミウラに義憤をいだかせた。あれほど日本軍に協力させ、常に日本の見方だったインドネシアを日本が信頼せず、独立の時期を明示しない。義憤はその後のミウラの行動を決定づけることになる。

蘭領東印度下での民族運動の過程を検証したい。

日露戦争での日本の勝利は、有史上はじめての有色人種の勝利であり、蘭領東印度下に限らず植民地下にあった人々に勇気と希望とを与えた。

民族運動が組織的かつ近代的に動き出したのは、一九二八（昭和三）年、バタビア（現・ジャカルタ）で行われた第二回青年会議である。その時の青年の誓いにはこうある。


われらインドネシア青年男女は、一つの民族すなわちインドネシア民族として団結する。

われらインドネシア青年男女は、一つの祖国すなわちインドネシアを祖国と仰ぐ。

われらインドネシア青年男女は、一つの言葉すなわちインドネシア語を使用する。


至極当然なことであるが、植民地下では自国の民族を尊ぶことも、祖国を仰ぐことも、言葉をもつことも許されなかったのである。

しかし小磯表明によってインドネシア統治が新しい局面を迎えたのも事実である。住民生活に関する部分、例えば一般治安、教育、産業、交通などは、インドネシア側にゆだね、「ジャワ奉公会」などの既存住民組織を利用し建国準備体制がととのえられた。海軍が統括するセレベス、ボルネオ、小スンダ地域では住民組織である「建国同志会」がつくられ、のちにミウラと大きく関係してくる。初代大統領となるスカルノとハッタは、インドネシア各地を廻り、各地域の民族指導者と会い、民族独立を熱弁した。スカルノはバリには

帝国議会で「インドネシアの独立を許容する」といった小磯国昭首相。

四月に赴いている。

※

ミウラが島民との約束どおりバリ島にもどってきたのは、一九四四（昭和一九）年一二月一九日のことである。日本の関係者の多くが危険と諭しているにもかかわらず、バリ島にもどった三浦襄、約束という義侠心にも似た心情とは、単に愛国心からだけだったのだろうか。

「三浦日記」、一一月三日。

「〜死線を越え原住民との約束、帰島履行《りこう》せねば日本人の信用に関わる。戦局、非なりと雖《いえど》も、死が行く手に待ちかまえていても使命は果たさねばならぬ。」

日記にはミウラの決意のほどが滲みでている。宮城県女子師範付属国民学校での発言、そして日本との往復で感じた戦況の不利から、ミウラは日本が戦争に敗けることはすでにわかっていた、と考えていいだろう。

ミウラのいう「死線を越えての約束」とは、「使命」とは、いったいなんだったのだろうか。

ミウラの決意を、日本を発つ直前の一一月二五日、久子にあてた手紙から解読してみたい。

「愛する久子へ

六月突然仙台へ帰ってから、久子の心ずくしの丹精して育てた苺を、沢山御馳走になった事を今想い出して居ります。毎年春になると久子の手紙には苺が沢山とれた事やその数まで数えて、お父さんにあげ度いと書いて寄越した手紙の事を思い出し、計らづも苺の時期に仙台に帰って、沢山御馳走になったことを、今改めて御礼申し上げます。

六月から十一月まで日本に居た間、長い様で短い様な月日であった。でも数えて見れば久子、栄子と一緒に岩沼、飯坂、福島、雄勝、塩竈—松島などに行ったし、二度も落合に行った事は誠に嬉しい思い出になります。久子、栄子と一度で良いから鮒っ子を釣らせてやり度いと願った父の願いも叶って、二人とも鮒っ子を釣りあげた事は、今想い出してもお父さんはホホ笑ましく成ります。バリに居て何時も久子の弾くピアノを聞き度いと思っていた事も実現し、ピアノを聞いただけでも夢が実現した様にウレシかった。

尚絅に入って一学期に一番になった事は、どんなに父を喜ばせた事であろうか。病気に成らぬ程度でしっかり頑張って、折角勝ち得た一番の栄誉を失わぬようにしてください。それから終わりに久子に是非実行してもらいたい事が二、三あります。それは父が日本を去るに当たって特に久子に言い置いて行く事だから必ず実行して貰い度い。それは

1、セナカを丸ましたり、カガンで歩いたり、座る時に腰を下してすわったりせぬ様に

2、物を食べる時がつがつして食べない様に　それから物を噛む時に音をたてぬ様に

家に居てお父さんが度々久子に注意した之れ等の事は、是非父の言いつけに従い実行する事

では左様なら勿論父は元気で日本に帰って来るつもりだが、戦争の今或いはこれが父の最後の言葉と成るかも知れません。カアチャンの言う事を良く聞きよくお手伝いをしなさい。

左様なら　父」

手紙には「三浦日記」にある「死線を越え」「使命は果たさねばならぬ。」という決死に近い使命感はなく、わずかに「最後の言葉と成るか」とあいまいに書いている。しかし文面を仔細に読み解けば、ごく日常の子どもたちとの思い出やしつけが述べられているだけに、悲壮感がただよう。久子宛とはいえ、しげも手紙を読んだはずである。「カアチャンの言う事を良く聞き」は、子どもたちを妻に託さなければならない人生の理不尽、平易な子どもへの手紙は、非常時だからこそ筆者には物悲しく心にせまってくる。

ミウラは小磯表明を聞くにおよび、家族にはいえないミウラの使命、日本人の使命、「死線を越え原住民との約束、帰島履行せねば日本人の信用に関わる」を強く感じていたのである。この手紙は、ミウラが家族に宛てた最後となる。

帰島 *1945*

米軍による継続的な空襲が帝都東京を襲い、敗色が濃くなった状況下でのミウラの帰島は、プジャやスランガンそして島民を歓喜させた。それは日本人が「約束を守る民族」であることを実証したのである。

「ババ・バリ　ダタン　ラギ」(バリ島の父、ミウラが再び戻った)

その声は島内をかけ巡った。

ミウラの帰島は、連合軍に制空権、制海権を握られたとはいえ、日本との往復が途絶えてないことを示した。しかし無事にバリ島にたどり着いたこと自体奇跡であった。

インドネシアの独立が容認され、独立準備が進められていたとはいうものの、日本軍政下の人々の生活は容易なものではなかった。軍への食料や労務者（ロームシャ）の供出は、国内経済に悪化をもたらせ人民を苦しめた。

日本軍占領下での不満は鬱積し、郷土防衛義勇軍の一部の将校間で日本軍への不満がついに爆発する。東部ジャワの反日蜂起ブリタール事件、直接の原因は日本軍指揮官の傲慢さだといわれているが、背景にはロームシャなどの日本軍政に対する不満があった。

この事件は、郷土防衛義勇軍を独立軍へ転化しようとした動きであり、独立運動ののろしだったともいわれているが、日本軍にとっては飼い犬に手を噛まれたようなもので潜在恐怖となる。

演説のため島民の前に立つミウラ（右）と奥村大佐。

※

一九四四（昭和一九）年一〇月、レイテ海戦において日本海軍は壊滅的打撃を受け、一月に米軍がルソン島上陸、マニラ市内に侵攻すると南方軍指揮下の日本軍にも危機感がせまった。帰島後のミウラは寸暇を惜しまず、独立許容の周知徹底を図った。

今ここでバリの人々の前で、どのような演説をしたのか正確にはわからないが、ミウラに近い藤岡保夫、越野菊雄、国崎内務長などの残したものを総括すれば以下のようである。

「親愛なるバリの皆さん、私が帰国中皆様にご迷惑をおかけしたことを心よりお詫びいたします。六ヵ月前、私は体調を崩しましたが、今は元気になり皆さんの前に立っています。日本では大東亜戦争勝利のため若者は戦場に行き、残された老若男女は軍事工場で働き、日夜、敵と戦うために涙ぐましい努力をしています。皆さん、日本は皆さんの国の独立を認めました。これからは日本国の勝利とインドネシア独立のため戦いましょう。この戦争は、この国はもとよりアジア一〇億の開放運動であります。インドネシアは必ず日本の力で独立させます。日本人は決してうそを言わない、この難局を乗り越え、独立を勝ち取るのです。この国は皆さんの祖国です、独立はインドネシア民族の望みであり、他国に干渉されることのない自治権の確立です。今必要なのは民族の団結です。私の体はすでに皆さんに託されました。私はバリとともにあります、私の身命はこの国に捧げました。この国の独立達成のため……、プロンタ・ムルデカ！（立て独立のために！）ムルディカ・アタウ・マテ！（独立か死か！）」

演説はバリ島民に感銘とみなぎる勇気を与えた。しかし、敗戦を予知していたミウラの心中は複雑であった。それは長年海外に滞在した者のみがもつ嗅覚のようなものであった。また日本人ミウラの心の奥のどこかで、いつかは神風が吹き敵を追い払う、と思う部分があったのも事実である。

二〇〇五年夏、私は取材のためバリ島に住むスダミさんとマデさんにお会いした。二人は子どものころ聞いたミウラの演説を覚えていた。

「ババ・ミウラのことはバリ人のすべてが知っていた。ミウラはやさしく島民にインドネシアの独立や日本人の涙ぐましい努力の様子を話していた」

「ババ・ミウラの頭上にオーラがさしていた」

子どもが記憶するほどの演説、それはいかほどのものだったのであろうか、日本の勝利を信じ、インドネシアの民を愛し、独立を鼓舞するミウラ、それはまさに神の粋に達するほどのものだったにちがいない。島民の「ババ・ミウラ」と叫ぶ声が聞こえるようである。

宗教改革　*1945.5.～*

五月になると、ミウラはバリ島以東の島々でつくる小スンダ（現在・ヌサ・トゥンガラ）州会の懸案であった宗教改革問題に着手した。これは異民族指導の中でも最も困難な事業とされ、民政部でも手をつけることができなかった。

バリでは僧侶が州ごとに存在し、各僧侶間に日本軍政と大東亜共栄圏構想に対する意識差があった。ミウラは若い僧に期待し各州間にバンディタダルマ（宗教連盟）をつくり、宗教や習慣の改革を図った。この改革はインドネシア独立の礎石となるためであり、習慣の是正は島民の生活文化の向上と貧しさからの脱却であった。

バリ島にはアベン（闘鶏）やバンタン（いけにえ）などの習慣があった。寺院の境内や村内に設けられた闘鶏場では朝からアベンが行われ、足に鋭い

アベン（闘鶏）の準備をする島民。

刃物が付けられた二羽の鶏は戦い大地に血を流す、大地に鶏が血を流すことは神への清めの儀式であり、神への捧げ物と考えたが、バリ人が本当にアベンに夢中になる理由は博打にあった。一方バンタンはバリ語で「供物」のことであり、豚を殺し悪行消滅と考えての行為であった。

悪習の是正や意識の統一が人々の生活を向上させ独立の基礎をつくると考え、ミウラは全身全霊を打ちこんだのである。

ある日デンパサールに戻ってきたミウラに国崎内務長が聞いた。

「宗教連盟はまとまりましたか」

「タナバンとギヤニヤールはまとまりました。これだけまとまればあとはすぐにまとまりますよ」

国崎の質問に目を輝かせて応えた。ミウラの喜びと意気込みは、これなくしてバリ人の更生も独立もないという強い信念からでたものだった。すべては愛するバリのため、独立のためだった。

※

日本の敗戦はすぐそこまで迫り、時代のうねりが大きく動こうとしていた。

一九四五（昭和二〇）年三月一〇日、独立準備のための独立準備調査会が発足した。東京大空襲の日である。

独立準備のための準備、日本の敗戦日時をすでに知っている筆者には、あきれた話といいたいが、そう思うのは私だけではなかった。「アンカタン・ムダ」とよばれる若い集団が、スカルノやハッタの対日協力に痺れを切らし急激に動き出した。

ミウラの演説に集まった島民たち。

四月二九日、独立準備調査会が正式に設立されると、国旗「メラ・プティ」と国家「インドネシア・ラヤ」の使用が許可、独立への機運が急激にたかまり、インドネシア全土に「ムルディカ」（独立）の雄叫びが広まっていったのである。

六月に入るとアンカタン・ムダを中心としてバリ島でも独立への準備が高まり、ミウラの講演行脚にもますます熱が入っていった。いよいよインドネシアが独立に向かって大きく動き出したのだ。

「ムルディカ・アタウ・マテ！」（独立か死か！）

ミウラの演説に島民は酔い、熱くなる島民をさらにミウラは鼓舞した。

ミウラが島内を回っている六月中旬、バリ島で行われた第三回小スンダ州会に初代大統領になるスカルノが姿をみせた。バリ島生まれの母親をもつスカルノは、一つの民族、一つの祖国、一つの言葉、それが新しい国家をつくると力説した。つまり他国に干渉されることのない民族の団結、自治、独立である。

スカルノが滞在中の四日間、数十回に渡って行われた雄弁な演説は、島民を魅了し、ミウラは自身の講演行脚がまちがいではないと、確信した。

独立のための準備委員会　*1945.8.*

一九四五（昭和二〇）年七月一七日、東京において最高戦争指導者会議が行われ、インドネシアの独立は九月八日と決定された。その大要は以下である。

「大東亜戦争完遂ニ資スル為帝国ハ可及的速カニ東印度ノ独立ヲ容認スル之ガ為直チニ独立準備ヲ促進強化スルモノトス」

「独立準備ヲ促進強化」、つまり日本が後押しをするというのである。ついに独立が現実的になった、これで約束が守れる、日本人が嘘をつかない民族であることが実証される、そう思うとミウラの講演行脚はさらに拍車がかかった。しかし、歴史をひもとけばわかるように、すでに沖縄は占領され太平洋戦争末期だったのである。

八月一一日、「小スンダ建国同志会」が設立されると、独立のため唯一日本人の代表として参加したのがミウラだった。ミウラは建国同志会の推進役であり、日本側との連絡にあたるという重要なポスト「事務総長」であった。このポストにつけるのはミウラしかなく、彼は自身の人生を賭して建国同志会に身をおいたのである。同時に、養育していた子どもたちに五〇センチほどの紐を与え別れた。

アキラの話によると、ミウラは「個々の紐は短いがつなぐと長くなり大きな力を発揮する」といった、つまり団結すれば必ず道が開ける、それは子どもたちだけではなく、独立を目指す若者に与えたメッセージでもあったのでる。

その後、子どもたちは養育費などの手当てをつけ親戚などに預けられていったが、三郎と行くあてのない子どもだけが残った。

またミウラはバリ畜産会、三浦商会などすべてをバリ人に移管し整理した。ここに彼の建国同志会入の決意を知ることができる。

八月一五、一六日、ジャカルタで新政府樹立準備会が開かれることになった。建国同志会からはプジャが代表に決まり、ジャカルタに赴いたのは九日だった。推したのはミウラである。

ミウラがこよなく愛したバリ島（1933年頃）。

八月一一日、南方軍総司令官・陸軍大将寺内寿一は、スカルノ、ハッタをサイゴン市近郊ダラトによび寄せ、独立準備委員会の正式発足を承認した。独立許容の日は九月七日、そこまでせまっていた。また日本の敗戦も目と鼻の先にあった。

プジャを送った後も、ミウラは建国準備と宗教改革のために精力的に島内を廻った。九月七日はそこまで来ていた、やることは山積していた。本意ではないにしろ日本占領下のバリ島民に不自由をさせてしまったことは事実である、すまない、という思いがあった。ミウラの形相が変わった。「インドネシア・ムルディカ！　ムルディカ！　ムルディカ！」、バリ島にミウラの声は響きわたった。ムルディカはミウラの心の中で燃えたぎったのである。

敗戦　*1945.8.15.*

一九四五年八月一五日正午、バリ島の太陽は頭上からはげしく射し、故国日本の空もまた燃えるような太陽が輝いていた。

「朕《ちん》深ク世界ノ体勢ト帝国ノ現状トニ鑑ミ非常ノ措置ヲ以テ時局ヲ収拾セムト欲シ茲《ここ》ニ忠良ナル爾《なんじ》臣民ニ告グ　朕ハ帝国政府ヲシテ米英支蘇四國ニ對シ其ノ共同宣言ヲ受諾スル旨通告セシメタリ……」

この日の「重大放送」に日本軍将兵や邦人たちはラジオの前で釘付けになり耳を傾けたが、音声は「ザーザービービー」と雑音が多く聞きづらかった。

日本から五千キロはなれたインドネシアにいる将兵たちにとって敗戦は受け入れがたいものだった。それは日本軍が蘭領東印度領に上陸以来、戦闘らしい戦闘をしていないこと、兵器、糧秣が十分残存していたことに起因していた。戦いもせずになぜ白旗をあげなければならないのか、というのである。将兵の中には、天皇陛下の激励の言葉だという者もいた、敗戦に自失呆然とする者もいた、しかし日本の敗戦が現実化すると自決をする者、自暴自棄になる者がいた。正式に終戦の公電がジャワの参謀本部に本国から伝えられたのは、八月一八日、全日本軍には二一日だった。

海軍地区に建国同志会ができ、ジャカルタでスカルノを中心に憲法草案、新政府樹立への建国準備が着々と進み、八月一四日、一六日の独立準備委員会のため各地区代表がジャカルタに結集した。それは皮肉にも終戦詔勅の前日であった。もちろんその中にプジャの姿もあった。日本の独立容認、しかし日本が戦争に敗れては何の効力もなかった。インドネシアの独立を実現できない敗戦という不条理、そのことをまだミウラは知らなかった。

プジャも混乱の中にいた。インドネシアは四年間に渡って日本に協力したが、ついに日本はインドネシアに報いることがなかった。なんと白状なのか、とプジャは思った。

一七日早朝、ジャカルタのスカルノ私邸の前に紅白旗・メラ・プティが舞った。群集が口々にする「ムルディカ！　ムルディカ！」、プジャは身震いし背筋から汗がしたたり落ちるのを感じた。私邸前に白い服をまとったスカルノが立った。群衆は口々に「ブンカルノ！（スカルノの愛称）ブンカルノ！」とさけんだ。

「われわれインドネシア民族は、ここにインドネシアの独立を宣言する。権力の委譲、その他に関する事項は周到かつできるだけの迅速さをもって実施されるものとする。インドネシア民族の名において　二〇〇六・八・一七　スカルノ、ハッタ　ジャカルタにおいて」

プジャは確かに自身の目と耳で独立宣言を感じたのだ。伝えたい人がいた。ミウラである。高鳴る鼓動、インドネシアは独立へと確かに動き出したのだった。

1945年8月17日、ジャカルタで独立宣言を読むスカルノ。しかし宣言が独立にはつながらず、この日から独立戦争がはじまる。

独立宣言の日付二〇〇六・八・一七は、日本の年号（皇紀）を使用している。これから見えてくるものは、独立宣言に日本が関与したあるいはスカルノが日本に配慮したという歴史的事実である。

敗戦告知　***1945.8.18.***

演説行脚中のミウラが、デンパサールの国崎内務長の所に姿を表わしたのは八月一八日だった。

ミウラの日焼けした顔に建国同志会事務総長としての自信と充実感がみなぎっていた。それがかえって悲劇の主人公のように国崎には見えた。

「やー、内務長」

国崎は直感で、ミウラがまだ日本の敗戦を知らない、と思った。

「ミウラさん」

国崎はミウラに椅子に座るよう促した。ミウラはいつもと違う国崎を感じた。

「なにか？」

ミウラは国崎を見つめ、眉根を寄せると右人差し指で丸い眼鏡を押し上げた。

「ミウラさん、驚いてはいけません、日本は戦争に敗けました」

「……」

国崎はつづけた。

「内地から連絡では、天皇陛下は最後の御前会議で、たとえ自分の身がどうなろうと、国民の苦難をこれ以上見るのに忍びない、と仰せられ聖断をお下しになったようです。全閣僚皆泣きぬれて顔を上げなかったそうです」

ミウラは黙したまま、まるで張り詰めた糸が切れるように肩をガクンと落とした。肩が小刻みにふるえた。ミウラの脳裏にプジャ、スランガン、ラジャなど多くのバリ人の顔が浮かんでは消えていった。

「……やはり……そうですか、日本は戦争に敗けたのですか……」ミウラの声は聞き取れないほど小さかった。

日本の戦局の悪化から予期していたとはいうものの、ミウラにとって敗戦の衝撃はあまりに大きかった。

ミウラがぶつぶつとつぶやいた。固くこぶしを握りしめた。独立の約束はどうなるのかとも聞こえた。ミウラの体が震えた。丸い眼鏡の奥に充血した目と涙があった。新政府樹立のため日夜をかえりみず島内を駆け巡った、あれはいったいなんだったのだろうか。プジャはジャカルタで何をしているのであろうか、と思った。

ミウラの耳に多くの若者たちの声が聞こえた。「バパ・ミウラ、独立はどうなるのだ。これからインドネシアはどうなるのだ、バリはどうなるのか」「日本は独立の約束をしたではないか」――。ミウラは立ち上がると、国崎の存在を気にもとめず無言で立ち去った。

翌日、国崎が自宅に訪ねるとミウラの顔に苦悩と憔悴とが痛々しいほどに刻み込まれ、沈痛な面もちで国崎の顔を見た。そして「バリの人たちに嘘をいった。腹を切らねばならぬ」といった。国崎は三郎にミウラを注視するように言い残し、その場を立ち去った。

※

三井農林の藤岡保夫は、ミウラが敗戦を知った日からミウラにある種の警戒感を抱いていた。彼自身も敗戦の事実にどう向き合えばよいのかわからず、不安から住まいをたたみ、八月二〇日ミウラの家に同居した。

藤岡は一九四二（昭和一七）年暮、三井農林の職員としてバリ島に赴き、民生部管轄下の農業試験場の仕事に就いた。事務所開設にあり面倒をみたのがミウラである。

彼はバリ会報三号に「ほとんど毎日というほど交渉があった。三浦さんの家は、仕事から開放された憩いの場であり、家族から離れた孤独感を癒す場所であった」と書いている。

二人は、バリ島中央山脈を歩いている。このときの藤岡の言葉は印象的だ。

「三浦さんは毅然とし古武士のような風貌だった。三浦さんの額に汗が伝わり、楽ではなさそうだったが黙々と登る。平坦なところでは腰を下ろすが、足が止まると今度は口が動き出す。バリの神話、風俗、習慣が話題の中心となり戦局の話は更に出ない。語らざるは戦局の前途を楽観せざる諦念の故であろう」

二人の山行はミウラの一時帰国前と思えるが、諦念という言葉が気になる。ミウラは日本の敗戦を予想しながらも人事を尽くし天命をまった、しかし、つきつけられた敗戦という現実の前では愕然とした。つまりミウラの画策は日本が勝利した上でのものだったからである。

八月二三日、ミウラは突然国崎を訪ねてきた。

「国崎さんセメントを三俵ほど分けてもらえないでしょうか」

国崎は首をかしげ、

「ミウラさん、セメントは何俵でもお分けしますが、いったい何にお使いなりますか」

といった。

ミウラは表情も変えず国崎の顔を見ると、

「原住民に嘘を言ったので腹を切る」

と強い口調でいった。

「自決……」

国崎がいいかけるとミウラは、

「国崎さん。自分の墓をつくりたいのですよ」

とほほえんだが目は笑ってはいなかった。

国崎は躊躇したが、ミウラのたっての要求に、渡すだけは渡そう、その内気持ちがおさまるだろうという軽い気持ちで承諾した。

八月二五日、ミウラが突然デンパサールの自宅から消えた。

謝罪と別れの旅　*1945.8.25.～*

キンタマーニ高原に冷涼な風が吹いている。視界の下にバリ島の水がめと形容されるバトゥール湖が太陽に照らされ輝き、霊峰アグン山にうっすらと雲がかかっている。かつてこの地に稗方と赴き「アジアの開放」を謳ったキンタマーニ・ホテルも三年前と同じたたずまいを見せていた。草原に腰をおろす二人の男がいた。ミウラと藤岡である。

バリ島民への謝罪と別れの三九郡を巡る旅に藤岡を誘ったのはミウラである。

草原の草いきれが心地よかった。ミウラは大きくのびをすると、

「私はやはりこの国の人々を愛していますよ」

といった。

「……」

「藤岡さん、ここはいつ来てもいいですね、朝は霧や靄《もや》で神秘的になり、そしてこの抜けるような空、あのホテルで会談したのが嘘のようです」

「ミウラさんとお会いしてからいろいろなことがありました」

「そうですね、戦争がなければ……」

ミウラは終戦を知ったときの衝撃が嘘のように、静かで穏やか表情をしていた。

「藤岡さん、あれこれ思い悩むのは当然ですが、前途ある青年の自決は誤りです。将来如何なる混乱に遭遇しようとも、それに打ち勝つ健全なる身体で日本に帰り、日本の再建に若人は努力すべきなのですよ」

「ミウラさん、日本が戦争に敗けたのはあなたのせいではありません。仕方のないことですよ。墓を作るなんて考えないでください」

ミウラは藤岡にもセメントを要求していたのである。

「日本人というものは戦争に負けたら腹を切るものですよ。武士道とはそのようなものです。そう私はバリの人たちに話してきました。戦争が済んだら約束も反故となり、誰も責任をとらない、これでは日本人は嘘つきということになります。そうではありませんか」

藤岡はミウラの穏やかな口調の中に、言い難い決意を感じた。丸眼鏡の奥にある鋭い眼光に自身も自決を教唆されているように感じた。

「戦時中の日本人の行動はまったく話になりません。日本人の多くの罪を誰が謝罪するのでしょう。誰かがその日本人にならなければならないのです。私はここに至るまで陰に日向に努力してきましたがもうできません。しかし私の魂がこの地にある限り、彼らを激励することができます」

「ミウラさん、日本にいらっしゃるご家族は悲しがります。敗戦はミウラさんの責任ではありません」

家族の話が出ると、ミウラは顔色を変え目を閉じた。そして数秒後に、

「わたしは世の終わりまで、いつもあなたがたと共にいる」

といった。

それは聖書マタイによる福音書の一節で、イエスが復活を遂げ弟子たちと再会するシーンでいった言葉であった。ミウラはこの地で死に復活をとげ、バリ島の人々と再会しようと考えていたのである。

藤岡はそのとき、ゴルゴタの丘で磔にされたイエス・キリストをミウラの中に見たのだった。ミウラの頭上にはオーラがただよってたのである。

※

キンタマーニ高原の空を、一羽の大きな鳥が円をえがきバトゥール湖の方へ消えていった。それはまるで炎の様に光輝く神鳥（ガルーダ）のようであり、独立への予言のようでもあった。ガ

ルーダはのちにインドネシアの象徴となる国島である。

ミウラは無言のまま山並みに目をやった。謝罪と別れの旅に出る前の数日間を思いだしていた。

「ババ・ミウラ、我々は日本に馬鹿にされた。死ぬまで一緒といっておきながら、戦争に敗けると置き去りにする。すべてが独立のためだと日本人はいった、だからインドネシアは協力を惜しまなかった」

若きスランガンの言葉は、ミウラの心に突き刺さった。

「スランガン君、申し訳ない」

ミウラの額に苦悩が浮かび上がる。

「スランガンもういいではないですか。ミウラさんが悪いのではありません、歴史が不条理なのです」

口を挟んだのは、ジャカルタから帰ったばかりのプジャだった。プジャはジャカルタでの独立宣言の様子を話したが、独立への道のりはまだ遠かった。

「現地人に日本人は嘘をいった。それは事実ですよ」

「……」

「その人たちに代わって私が……」

「……」

「稗方さん、今、私の心境を理解してくれる日本人はバリ島にはいません。私が全日本人にかわってつぐないます」

稗方はミウラとバリ島に上陸した翌年、インドネシア各地を転戦しロンボク島で終戦を迎え、連合軍命令により八月二〇日にバリに着いたばかりだった。

　稗方は数日前、ミウラから自決を聞いたとき「そうですか、何かいい遺すことはありませんか」といとも簡単に聞き流している。戦場という異常空間には常に死が同居している、それでこのような返事をしてまったのだが、後年、「どうか怒らずにいてださい。だれでもがそうしたであろう。誰もが先生のあの行為を反対せねばならぬ立場にあった」と後悔している。

　稗方は私の取材に何度も、ミウラの心底を深く知るべきだったといい、「どうにも成らないオーラがミウラ先生の頭上にあった」といった。

※

　ミウラがバリ島三九郡をめぐり行った謝罪の旅の演説内容は、藤岡や稗方の残した資料をもとにすると以下である。

「終戦がやむなきに至り、独立公約を無視するにいたったことは、誠に遺憾の極みである。日本人は嘘を言わない国民であるが、今は一切が嘘になった。日本としてはもはや援助できない立場になった。本来ならば日本人全てが古来の武士道にのっとり腹を切りお詫びしなければならないが、日本の王様（天皇）は、日本再建のため再起努力せよと宣言されている。軍官民一人残らず日本に帰らなければならぬ。私は日本の代表として腹を切って皆にお詫びする。そうして地下から栄えある自由と独立の日が早からんよう援助しよう。インドネシアの進むべき道は、祖国愛にもえる全インドネシアの団結と一路前進あるのみです。私は

ひたすらインドネシアを愛し、バリの皆さんを愛してきました。全日本人にかわって自らの骨をこの地に埋め独立を見届けるつもりです」

郡長、村長、村人を集めたミウラの演説は、祖国愛に満ち、民族同士をつなぐ人道愛と熱情にあふれ、至誠をもって語られた。数百回に及ぶ講演は、徹頭徹尾謝罪のことばであり、バリ人の将来に対する激励のことばであった。戦争に対するバリ人の協力、日本のバリ人にあたえた苦難、それをミウラは血を吐くように語り、涙ながらに聞くものも少なくなかった。ミウラの庇護を受けたバリ人は多くいたが、自決の決意を翻させる者は一人もいなかった。いやできなかったのである。

ミウラが謝罪の旅をしている最中、宗教連盟設立のときに世話になったブレレン首長との会話が残っているので参考のために記したい。その時、首長は病気で臥しており首長の顔色はよくなかったようだ。それでも起きてきてミウラと話をしている。（S―首長　M―ミウラ）

S「なぜ自害されるのですか」
M「私は永久にバリにとどまりたいのです」
S「日本は再び新興しなくてはならない。新日本建設のためにあなたは生きていることが必要なのではないですか」
M「日本には私以上に有能な若い人がいます」
S「なぜあなただけが犠牲にならなければならないのですか」

M「多くの日本人の内で、私ほどバリを愛している人はいないからです」
S「私の心を動かせてくれるな」
首長はここで笑った。
M「私の心はすでに決まっている」
S「天皇陛下の命令で終戦になったので、あなた自身がそのような決心をなさらなくてもよいのではないですか」
M「天皇陛下が私を罰する、そして私の名は日本から抹殺される」

首長はここでミウラが本当に死を決していると知り沈黙している。その後二人は手を取り合い、ミウラは首長に「あなたは生き長らえて、貴国の重要な仕事に携わってください」といっている。

美しき殉教 *1945.9.2.-9.8.*

一九四五年九月二日、ミウラはデンパサールに戻ると三浦商会の経営管理をまかせているイー・ニョーマン・ムルダをたずねた。ミウラは謝罪の旅に出る前にニョーマンに自決をすることを告げ棺と墓を作るように命じている。墓の予定地はデンパサールの北西にあるプムチュタンの墓地のそばにあった。ニョーマンの案内を受けミウラとともに同行したのは稗方だった。

ガジュマルの大木から垂れ下がった木根が幹に絡みついている。その周囲からときどき可憐な鳥の鳴き声がした。

「ニョーマン、いつも早朝からここにきているのかね、それは変だよ」

ニョーマンは、早朝から丁寧に穴を掘りつづけていたのである。

「昨日もここに来たのか……。ニョーマン、そんなにきれいに掘らなくてもよいのだよ。ただ私の体が入ればよい。私はここに入り誰が善人で誰が悪人か常にながめて、私の魂はバリの人々と話をするのだよ」

ニョーマンは、涙でミウラの顔を見ることができなかった。

「棺と墓を早く完成してほしいのだよ、ニョーマン」

「ババ・ミウラ……、もし完成しなかったら、私を墓に入れたらどうですか」

ニョーマンは悲しみのあまりむきになりいった。

これから死につこうとする人とは思えぬ笑みをたたえ、ミウラは「そうかね、わるかったね。ニョーマン、悪いが自宅に帰ったら息を引き取る場所に小さな囲いがほしいのだよ」と付け加えた。そして大木を見ながらいった。

「稗方さん、ガジュマルの木の実は、野鳥の餌になり、未消化の種は糞と混じって大地で再び大木として成長するのです。私の死がそうなればよいのですが……、そう一粒の麦ですよ」

「一粒の麦?」

「そうです」

クリスチャンでない稗方が、一粒の麦の意を知るはずがなかった。ガジュマルの大木が風にゆれた。

※

九月三日、真っ赤に目を腫らしたミウラが国崎を訪ね、開口一番「穴を掘ったから見てくれ」といった。突然の申し出に驚いたのは国崎である。その日都合で同行できなかった国崎をミウラは、翌日再度訪れている。国崎は見に行かないわけにもいかず、ミウラに同行した。場所は国崎が墓参したことのあるベドン首長の菩提の近くであった。ガジュマルの大木の下五平方メートルほどの広さの場所に、幅約一メートル、長さ約二メートルの穴が掘ってあった。盛られた赤土がミウラの死を現実のものにさせた。国崎は墓を見ると絶句した。言い知れぬ不安が襲った。

ミウラの墓は、当初キンタマニー高原も候補地に上がっていたが、バリ住民が毎日墓参したい希望があり、稗方と相談しこの地に決めたのだった。

「大きさはどうです、あれでよかろうか」

国崎は応えることができなかった。

数日後、ミウラは阿南少佐と同行した。このとき墓の大半は完成し、主人を待つのみとなっていた。ミウラはいつもと変わらぬ様子で「どちらを頭にしましょうか」と阿南に質問した。さすがの阿南も同行した稗方も返答に詰まった。返答に困る阿南にミウラは自ら「そうですね、それではこちらを頭にしましょう」といった。それを聞いた墓堀人のニョーマンは慟哭し、周囲にいたバリ人も泣いた。

ミウラは、九月二日から六日までに多くの人々に会っている。

五日、午前中、民政部の国分豊蔵の官舎を訪れた。

「私としてはもう一度考え直してもらうことを懇願するしかない。それは私情ではなく、ミウ

ラさんを知るすべての人の願いです」

ミウラは一瞬緊張の面持ちになったがすぐに笑顔にもどった。

「ミウラさん送別会としてビールで乾杯しましょう」

国分がいうとミウラは自動車の中にインドネシア人を待たせているといい、一度車に戻り、手帖の一枚に仙台の住所と家族名を書いて国分に渡した。

そして、

「あなた方の心づくしは、その一瞬まで考えましょう」

といった。

国分は家族のことに触れることができなかった。

「さよなら」

ミウラはいうと車に乗り、またドアーを開けると降り国分にいった。

「国分さん。スラバヤに行くより気軽です」

といい、ミウラは笑った。

国分はその時の印象を、ミウラさんの祖国愛と民族をつなぐ人道愛の熱情は至誠の思いだった。日ごろの笑みを浮かべていた。偉大なる人物を前に私は何もできなかった、といった。

五日午前中、ムングイの自宅に民政部の吉田貢を訪ねた。（Y—吉田　M—ミウラ）

M「やっと仕事は全部かたづきましたよ。これで思い残すことはありません」

いつもと変わらぬ笑顔に吉田は何も言えなかった。

M「日本の再建のためには一人でも多くの人が帰らなければならない。生き抜くことも大変ですがね」

二人は握手をした。

五日午後三時、海軍の奥山鎮雄司令を尋ねた。（O―奥山　M―ミウラ）

奥山は、国崎からミウラの自決の決意を聞き知ってはいたが、直接聞いたのははじめてだった。会見の途中国崎を呼んだ。

O「いよいよミウラさんが自決するようだ」

その後、奥山と国崎は二時間に渡り自決を止まるように説得をしたが無駄だった。

奥山は説得が無駄だと観念し、郷里仙台のミウラの家族のことを尋ねた。

O「お子さんがおられるようですが、何か気がかりなことはないですか」

するとさすがにミウラも一瞬面を伏せて黙したあと、はらはらと涙を流した。

M「実は一二歳と十歳になる娘があります、まだ学校も済んでないのですが……」

ミウラは、死を決意したものの、郷里に残した娘たちのことを問われると、切々たるものがあった。

雄勝の海で久子、栄子と遊んだ数日が思い出された。久子の白いワンピースが、風に舞い、二人の日焼けした笑顔が脳裡に浮かんだ。ミウラが小さく「すまない」とつぶやいたが奥山には聞こえなかった。

その後、雑談となり笑って分かれた。

五日夕、バドゥン州スダナゴン・イマデスレゴが訪問する。(S—スダナゴン　M—ミウラ)スダナゴンは、自決を翻意させようとしたがミウラはたくみにかわした。

M「私はバリの土地、バリの青年を愛している。すでに私は自分の理想を達成するため決心しています。それは私が末長くバリにとどまり礎になることだ。しかし私の肉体は話もできず皆と交わることもできないが、精神は皆とともにある、ともに行動する」

S「ミウラさん、もし雛《ひな》が親鳥に残されてしまった場合、その運命はどうなるのですか」

M「おー、そこだ、雛はすでに十羽、いやそれ以上いる。必ず二、三羽は生き残る、それが将来を変えていくのだ」

それ以上スダナゴンは思いとどませる知恵がわかなかった。

六日早朝、国崎がミウラを訪ねた。(K—国崎　M—ミウラ)

K「終戦時の複雑な時、自決はバリ人に与える影響が大きい。もう一度考え直してもらいたい」

M「私の決意は変わりません」

K「夕方また来ますから、その時までに決意を変えてください」

六日、プジャが民間企業に勤める魚住豊喜とともに、民政部長官の越野菊雄を訪れ「軟禁して欲しい」と依頼をする。この時、越野は「ミウラさんは思いつめて少し頭が変になっている」といっている。おそらく越野は冷静になれば気が変わると判断したと思われる。プジャは「稗方中尉に会いたい」ともいっている。ミウラをよく知る人間として稗方の名が出たのは、恩師ミウラを救いたい一心からでたことだったのである。

六日朝八時、国崎と奥山司令が電話相談。

「漫然と放任するも、原住民に対して如何なるものか、八時ころ司令に電話し、精神錯乱の疑いありと認め病室に収容、看護兵を付することはできぬか」

「昨日、夕刻にミウラさんが来た。ミウラさんは『死んで戦争の任務を完遂したい』と至誠に説くべき言葉もなく『わかりました』と返答をしました。また一般住民が来訪して『ミウラさんの自決を邪魔立てせぬよう』との依頼もあり、もはや、万策はつきました」

ミウラの決意に勝るものはなかった。まさに周囲の努力もむなしく万策は尽きたのである。バリ住民の「ミウラさんの自決を邪魔立てせぬよう」との依頼は、神の如きミウラへの思いやりからでたものではないだろうか、いずれにしろ多くのバリ人がミウラのためだけに費やした数日であった。

占領下の民族に対して、これほどの愛情をもって接した日本人はいただろうか。十数日謝罪行脚の中でバリの人々に独立への勇気を与え、自ら死の宣告をし、バリの礎になろうとしたミウラであった。敗戦したとはいえ日本軍はまだ兵力を温存し存在していた、その状況下で何人《なんぴと》もミウラの決意を阻止することができなかった。ミウラはあたかも無人の荒野を行くように突き進んでいった。その荒野のはるか向こうには、独立というインドネシアの輝かしい未来がまっていた。

一九四五年九月七日午前六時。すみきったバリ島の空に一発の銃声がとどろいた。この日は日本がインドネシア独立を認めるはずの日だった。小屋にかけられた日の丸とインドネシアの紅白旗が真紅にかがやいた。

愛する久子とともに。1934（昭和9）年。

第6章

バリ島に死す

一九四五年九月六日　午後五時

一九四五年九月六日、西の空が茜色に染まりはじめたころ、デンパサール市内の映画館前広場にバリ人、日本人、軍関係者、華僑など約六百人が集まっていた。人々の視線の先に演台が用意され、これから講演しようとする人物の話題でもちきりだった。劇場の末席にいるのは藤岡、稗方、国崎、奥山司令、阿南少佐などである。

西の空はさらに色を増した。

壇上に白の背広上下を身につけた初老の紳士が登った。ざわついていた会場は潮が引くように静かになった。聴衆の前に立ったのはミウラである。

聴衆は一瞬息をのむと「ババ・バリだ！　ババ・バリだ！」と歓喜した。

ミウラは白髪まじりの頭を静かに下げた。しばらく島民の前に姿をみせなかったミウラの表情は、やつれ悲壮感が漂っていた。ミウラが前を見た。しばらく沈黙があった、そして絞りだすように口を開いた。

「愛するバリ島の皆さん、私は長い間この島で生活をし、この国の独立を信じて皆さんとともに生きてきました。……。しかし日本は戦いに敗れ廃墟となり多くの人々が死にました。もはや私も日本もこの国の独立を助けることはできません。われわれはあなた方に武器をやることも、独立の手助けすることも連合軍によって禁じられてしまいました」

ミウラはひとつひとつの言葉をかみしめるようにゆっくりとした口調で話した。聴衆の中からすすり泣きの声が聞こえる。「ババ・バリもういいのよ」という声が聞こえる。

バリ人はもちろん、日本軍の上陸時に政策上とはいえ圧した華僑の人々も泣いた。

ミウラは聴衆を右から左へとゆっくりと見渡した。ミウラの目が充血していた。

「……すみません。独立の……、いえ、われわれ日本人は約束を果たすことができませんでした。しかし、私はこの国の独立を信じています。この国の進むべき道は、皆さんの祖国愛に燃える団結と前進あるのみです。私はインドネシアを愛し、バリを愛するがゆえに、全日本人にかわってこの地に骨を埋めて独立を見とどけるつもりです。どうか皆さん……ゆるしてください。私たち日本人は皆さんに独立を与えてやることができなくなりました……」

聴衆は静まりかえり、ミウラをみつめ、そして泣いた。

天空は茜色から群青にかわり空に星がまたたきはじめた。

「ババ・バリ！」

聴衆の叫ぶ声が幾重にもかさなり夜空にすきこまれた。

ミウラは聴衆を見つめたままだった。そして声をしぼるようにいった。

「明日、私は皆さんとお別れをしなくてはなりません。私の骨はインドネシアの独立の人柱となり、私の魂はこの国で生きつづけ、独立達成を見守ります。……。スラマット・ジャラン（さようなら）」

ミウラの体が小刻みに揺れている。会場を夕闇がつつんだ。誰も帰ろうとはしなかった。

聴衆の中にいたデンパサール中華町長は、泣いた。日本軍が上陸し華僑経済を破綻させた憎い敵を先導してきたのはミウラではないか、なのになぜ心が揺さぶられるのか、と中華町長は自問自答した。その時、彼は国や人種を超えたミウラの深い愛、そして武士道に似た日本人の真の姿を見たのだった。プジャもスランガンも人種を超えて多くの人々が泣いた。そして会場にいた人たちは、ミウラの頭上に不思議なものを見たのだった。それは神々しいほどの金色に輝くオーラだったのである。

一九四五年九月六日　午後六時少し前

夕暮れの空にさわやかな風が吹いていた。これですべてが終わる、とミウラは思った。演説を終えると稗方等とともに、民政部が主催する「さよなら晩餐会」に参加するためバリ・ホテルに向かった。会場にはすでに国崎、奥山、プジャ、カトン視学、シンガラジャ師範学校イグトット・スブラタ、政務係りのバリ人四、五名と越野など民政部関係者や農林課長などミウラにゆかりのある人たちが集まっていた。

バリ・ホテルはミウラがはじめてバリにきてかまえた三浦商店、そして若者たちを啓蒙したププタン広場の近くにある思い出のホテルで

現在のバリホテル。

ある。今ではナトール・ガルーダ・ホテルと名を変え営業している。

その夜、ミウラは日本軍の進駐から敗戦にいたるまでの経緯を、いつもと変わらぬ様子で話した。誰が見ても、明日死を決行するようには見えなかった。

奥山司令が国崎にいった。

「この様子では問題はないだろう。ミウラさんの演説はバリ人を鼓舞するためのもので死にはしない」

国崎も同じ思いだった。

ミウラの笑顔に参会者は安堵し、バリ人からはバリに施した数々の業績を感謝された。「やはりババ・バリだ」と誰かが言った。

参会者の中からミウラを讃える声が聞こえた。しかし稗方とプジャは、ミウラの一挙手一投足を見逃すまいと固唾をのみ見守っていた。

一九四五年九月六日　午後七時過ぎ

夜七時過ぎプジャがミウラの家を訪れると稗方、バドン郡長、カトン、スランガン、スダナゴン、スプラタ、民政部の吉田、台湾銀行員、そしてミウラを私淑するバリ人たちが集っていた。多くはバリ・ホテルから直接移動してきた人たちであった。

プジャが悲壮な顔をして、

「ババ・ミウラ、なぜ自決するのですか」

と詰め寄った。

ミウラは椅子にかけプジャに目をやると、

「ミスター・プジャ、私は自分の生き方を知らないために死ぬのではない。私は日本精神をバリに生かすために犠牲になるのです」

といった。

プジャに、日本精神もミウラに内在するキリスト教精神もわかるはずはなかった。ミウラは強い口調でいった。

「もう連合軍が上陸してくる、後戻りしてはいけない。ミスター・プジャ、後戻りしてはいかんのだよ。前進することだ、前進して新しい道を拓くことだよ。前進しかないのだよ」

ミウラの言葉にプジャは圧倒された。そしてカトンを見るといった。

「私の死の選択は、子どもたち、バリ人、そしてこの豊かなる土地が永久に安泰で平和であるためのひとつの道なのです。肉体的には子どもたちとも、皆さんとも、お付き合いできなくなるが、私の魂は未来永劫この国と人々を見守るでしょう」

「ババ・ミウラ、独立の約束を守れなかったのはあなたの責任ではありません。死んではいけません」

ミウラを最も慕うプジャが、大粒の涙を流し、ひざまずき懇願したが、ミウラは応えなかった。プジャもカトンもスランガンもみなが、ミウラの決意を思いとどまらせることはできず、かえってくるのは独立への激励の言葉だけであった。ミウラがわが子のように愛情を持って接していたスランガンの瞳から涙がこぼれ落ちた。

「スランガン、連合軍が上陸してきたら下手にでなさい。あわてて行動することはない。どんな命令にも従いなさい、精神を卑下することはない。あくまで独立の理想に邁進しなさい。インドネシアの理想は、一つの民族、一つの祖国、一つの言語なのだ。かならずそれは達成できる。私は祈る。植物が地上の幹を失っても根は残り、幾年か後、もし雨が降れば再び繁茂し成長するのだ。もうみんな後戻りしてはいかんぞ、前進することだけだ！　前進だ！」

ミウラのこぶしがふるえた。プジャの目からスランガンの目から大粒の涙が落ちた。三浦商会のクトットウイナチャーがそばにいた、父のように慕うミウラ、しかし何もいうことができなかった。

ミウラはクトットウイナチャーに目をやると、

「クトットよ、健康に留意せよ、魂を強く持て、お前の理想はなにか話してみよ」

といったが、ただ泣くばかりであった。

「カトン、プジャ、スランガンよい話を聞かせよう。昔、日本に吉田兼好という方がおられて彼の書物『徒然草』の中にこんな一説がある。

木の葉のおつるまで落ちて、めぐむにはあらず。下よりきざしつるは堪えずして、落つる也。むかふる気、下にまうけたる故に、まちとるついで甚だはやし。

この意味は木の葉の落ちるのも、先ず落ちてから芽が出るのではない。すでに木の内部に新芽のきざしがみごもっていて、その力に耐えきれないで木の葉は落ちるのだよ。カトン、プジャ、スランガンこの国とおなじだよ。新しい変化を迎える気配を内部に準備しているのだ。この国は新しい時代に入ろうとしている、新しい芽が出て新しい時代が来る、交代するのは非常にはやいものだよ」

ミウラは立ち上がると「それでは少し横になろう」といい部屋に入った。

一九四五年九月六日　午後一〇時

午後一〇時、国崎内務長がミウラの家を訪れると、取り囲むように多くの人々が集っているのを見て驚いた。

「ミウラさん、どうです、考えなおしてくれましたか」

「そんなことが今になってできるもんですか」

ミウラは国崎を見てからからと笑った。

「それより、水でも飲みましょう」

「水杯《みずさかずき》ですか」

ミウラがコップに注ぐ水の音が、いつもより大きく感じた。デンパサール中学に通う三郎がコーヒーを持ってきた。

「水杯にコーヒーではね」

ミウラは笑った。

「国崎さん、私は軍人ではないので、ピストルの撃ち方を知りません、どうして撃ちますか」

国崎は驚いた、が撃ち方を教えることはできなかった。

そしていつもと変わらぬ様子で、

「国崎さん、私の体はすでに洗ってあり一切汚いところはありません。服も新しいものばかりで死骸は洗う必要がありません。どうかそのまま埋葬してください」

といった。

ミウラは再びコップに水を注ぎかかげると、

「今生の別れですな」

といった。

国崎もミウラの自決を押し止めることができなかった。バリの空にはいつにもまして美しい南十字星が輝いていた。

一九四五年九月六日　午後一一時三〇分～

バリの浜風が心地よく吹いている。椰子の木がサヌール海岸からの風に揺れさわさわと音をたてた。ミウラの家に集まった多くの人たちは帰ろうとしなかった。

「ババ・ミウラ死ぬ必要はありません！」

プジャがいった。

「ミスター・プジャ、もういいのだよ」

ミウラの口調は穏やかだった。

「ババ・ミウラ、自決はヒンズー教では悪徳です。この島では認められないことです」

ミウラは聞き入れようとはしなかった。ミウラは死のうとしていた、死んでわびようとしていた、死んで独立を喚起しようとしていた。

来訪した若者たちに囲まれたミウラの表情は、あかるく自決するようには見えなかった。ババ・ミウラは、独立を喚起するために自決をほのめかしているだけなのだ、と思う人もいた。

プジャはミウラから目を離さなかった。沈黙とわずかな語らいが交差し夜更けまでつづいた。

日が改まった。時計は九月七日午前一時をさした。

ミウラに最後の別れを告げようと、稗方が近寄ったが言葉にならない。

「稗方さん、日本の再建を頼みますよ」

逆に稗方がミウラに激励された。

「どうか南の空を永久に守ってください」

「稗方さん、安心なさい、この軍刀を持って南の空は、三百年いや三千年は守ります」

ミウラが軍刀に手をかけた。軍刀は稗方がバリ、ジャワ、チモールと転戦中、稗方を守った守り刀で、稗方家に先祖代々伝わる鎌倉時代に作られた家宝であった。それがいまミウラの魂の守り刀になろうとしていた。


壁にかけた時計が音をたてた。ミウラは時計を見るといつになくいらついたようすで、突然、色をなし怒り出し、さらに声をあらげ、

「立ち去れ！　私は死なない！　立ち去れ」

といった。

プジャやミウラをとりまいていた人たちは、温厚な彼からは考えられない剣幕におどろいた。人々はミウラの身を案じながらも、いとまをこうしかなく、一人二人とミウラの家から後ろ髪を引かれる思いで立ち去っていった。

※

人が立ち去ったミウラの家は悲しさあふれていた。ミウラは子どもたちの部屋にいくと「寝な

さい」「部屋を出てはいけない」といい電灯を消した。

三浦商会のニョーマンによってアタップ（椰子科の植物の葉）の小屋ができたのは、客が全員帰ったころだった。ニョーマンは涙を流し小屋を作り、裏で花輪を作っていた。

「ニョーマン、ここにいたのか」

ミウラはいうとアタップの小屋に入り、ゴザの上を掃きニョーマンを再びよんだ。

「ニョーマン、午前六時に私が息を引き取ったら私の血を清めてくれ、そしてもし私が微笑んで往生していたら人に見せてもよいが、そのような顔をしていなかったら白い布を覆って着ているものをそのままにして運んでくれ」

ニョーマンは充血した目でミウラをみつめた。

午前三時ころミウラの入浴をする音が聞こえた。それからしばらくミウラは体を横たえた。

※

一方後ろ髪を引かれる思いでミウラの家を出ていった国崎は、引き返しピストルを奪おうと思った。今、ミウラを殺してはいけない、しかしどうすることもできない自分がそこにいた。犬の遠吠えが聞こえた、道端の虫の声が聞こえた。すべてがむなしく思えた。国崎は自宅に帰りベッドに横たわった、どうしたらミウラからピストルを奪えるのか、仮に奪っても軍刀で自刃するにちがいない、国崎は眠れなかった。眠れぬまま七日の朝を迎えた。ミウラはいつ自決するのか、本当に今日なのだろうか。今日は七日、「もしや！」と国崎は思った。インドネシアの独立を容認する日が今日である。まちがいなく今日だ。時計を見た五時四〇分、白みかけた町を国崎は急いだ。

ミウラの家の周辺に、サロンや頭に布を巻いた男女三〇人ばかりが取り巻き嗚咽している。バリ人は、親が死んでも泣かないのではなかったのか。「もはや、おそかったか！」。国崎は中庭にある一坪ほどのアタップの小屋囲いを見ると、ミウラの部屋の方向に走る男が見えた。三郎だった。

国崎は三郎に近づき声をはずませ聞いた。

「ババ　アダカ」（ミウラさんはいますか）

「ルマ　アダ　スカラン　バジュ　ガンティ」（ミウラさんはいますが、今着替えをしています）

ミウラは悲しそうな目をすると応えた。

「やー、お早う　今からですよ」

ミウラが部屋から現れ、国崎に近づくと肩を軽くポンとたたいた。

「ごきげんよう」

ミウラのいつもと変わらぬ朗らかなあいさつだった。本当にミウラは死ぬのかと疑った。それがかえって国崎の不安をかきたてたが、あまりの明るさに、これならまだ死にはしないだろうと思い玄関を出た。

一九四五年九月七日　午前六時

梢の風の音がやさしくバリの人々のささやきのように、ミウラには聞こえた。その音にひかれるように戸外に出ると、大きくバリの風をすいこんだ。いつになくやさしい風だった。天空を舞う鳥をなつかしそうにあおぐと、水場にいき衣服をぬいだ。そして水槽から水をくみ頭から水をかぶった。流れ落ちる水、これで私のすべてが清められたと思った。部屋にもどると白い衣装に着がえ静かに手を合わせた。目を閉じ静かに歌いだした賛美歌は、ミウラの好きな四九四番だった。

わが行く道　いついかに
なるべきかは　つゆ知らねど、
主はみこころ　なしたまわん
そなえたもう　主のみちを
ふみてゆかん　ひとすじに

ミウラの家を取り巻くバリの人々は静かな旋律に首を傾げ、天を仰いだ。今までに聞いたことのない音が風にながれ周囲を包んだ。

月明かりのテラスで祈るミウラの声が、バリのやさしい風に消えていった。ミウラは祈り終えると、中庭にある一坪ほどのアタップの小屋囲いの中にはいった。バリの人々に包まれているように感じた。そして小さな声で何かをいった、それは〝すまない〟とも聞こえたし、日本に残してきた子どもたちの名前のようでもあった。そして最後に口にしたのが日本国歌「日の丸」だった。

ミウラは端座すると、右手にもっていた拳銃を右のこめかみにあて、静かに引き金をひいた。バーンという乾いた音が、椰子の木を震わせ早朝のバリの空をかけぬけ山々にこだました。そしてバリ島民一三〇万人の心に響きわたっていった。ミウラの神々しいオーラがアタップをすり抜け天空にのぼった。

ミウラ自決の場所。ここにアタップの小屋囲いを作らせ死に場所とした。

銃声にニョーマンの体がビクッとした。恐る恐る小屋に近づいた。ミウラが横たわっていた。表情はおだやかで微笑んでいた。

「バパ・バリ、バパ……」

ニョーマンは白い布で血をぬぐい清めた。まだ体にぬくもりがあった。

国崎が銃声を聞いたのは玄関を二、三歩出たときだった。

「！」

国崎は引き返しアタップの小屋に駆けつけた。銃声に驚いた子どもたちも駆け寄った。

「ミウラさん！　ミウラさん！」

さけんだのは国崎だった。

「バパ　バパ」

子どもたちの声があわれだった。

ミウラの丸いめがねがはずれ床に落ちていた。プジャたちもミウラを案じ、帰れずに家を遠巻きにしていた人たちも、「バーン」という銃声にともに驚愕しかけつけた。しかし目にしたのはミウラのかわりはてた姿だった。安らかな美しい顔だった。プジャもスランガンもみな泣いた。プジャは最後までミウラのそばにいなかったことを悔やんだ。

小屋にかけられた日の丸とインドネシアの紅白旗が、しだいに明るさを増していくバリの空気の中で深紅に輝き始めた。一九四五年九月七日、この日は奇《く》しくも日本がインドネシア独立を許容するはずの日だった。

ミウラの書斎の机上に、仙台に残した妻子やバリ島民に残した邦文とマレー語文の遺書が角封筒に入れられ簿明の中に浮かんでいた。愛用の腕時計は藤岡の名前が書かれ、万年筆、印形などの遺品にも几帳面に贈り先が記されてあった。ミウラが残したわずかな現金は封筒に入れられ、恵まれぬ子どもたちに与えるようにと記されていた。机上はまるでミウラが生きているように几帳面に整理されてあり、隣室には三つのトランク、置物、衣類、愛用の靴などが整然と置かれてあった。これらのものもプジャたち側近で分けるようにとの遺言がしたためてあった。

三浦襄の遺書「バリの皆様へ」

「戦争のためとはいえ、私は愛するバリの皆様に日本の国策を押し付け、無理な協力をさせたことをお詫びいたします。私にとってずいぶんつらいことでありましたが、やむをえなかったのです。……、いまこそ私は、皆様の私に寄せられた信頼に対して責任をとるべきだと考えます…。皆様の目前で威張りかえっていた日本人は、明日から皆様の前に惨めな見苦しい姿をみせるでしょう。けれどもその姿だけを見て日本人全体を卑しんだり憐れんだりしないでください。バリを愛し、バリの皆様の心からの友人が日本人の中にいたことを忘れないでください。

そして、そういう日本人は私だけでなく明日から皆様の前で惨めな姿をさらす者達の間にも、また日本の国の中にも多勢いることを信じてください。……三浦襄」

この遺書は、二〇〇八年に修復されたデンパサールのミウラの墓の側に記されているが、そのことは後述したい。

ミウラがアタップの小屋囲いを死に場所に選んだのは、プジャ所有の家を汚さないようにとの心づかいからである。ひさしの下にミウラがニョーマンに命じ用意した等身大の棺があった。東の空から神々しいほどの太陽があがった。それは新しいインドネシアの夜明けであった。

ミウラの検視は駆けつけた北村軍医長によって行われ、小屋の中に流れ出た血はプジャや近隣の者たちによってすべて拭い去られた。すべてがミウラの遺言どおりだった。

一九四五年九月七日午前

「ババ・バリ（バリ島の父）死す」の知らせが、バリ全島に風のように伝わるのに時間はかからなかった。島民は、深い、深い悲しみに落ちいった。シンガラジャ、ネガラ、カランアサムなどから思い思いの喪服をまとい数百人の人々が弔問に駆けつけた。人々はカリアサム通りにあふれ、ガジュマルの大木の下で悲しんでいた。

黒衣を身にまとった八人のラジャとプダンダ（ヒンズー教の僧正）もかけつけた。ラジャたちは頭にクパラ・カイン（帽子）を巻きつけ、クリス（短剣）を背にさした威厳ある姿だった。集った人々は今更ながら、ミウラの人望におどろいた。

ミウラの遺体はティカール（織物のマット）の上に静かに横たえられ、一〇時に日本人僧侶によって日本式の祈祷が行われた。一一時、ミウラはプジャ、稗方などの近親者によってチーク材で造られた棺に納められた。遺体の周囲は蘭やバラが散りばめられ、最後に稗方が渡した守り刀が入れられた。守り刀は武士の社会では魔を切るともいわれ、またミウラとともに三千年に渡りバリ島を守るためのものだった。青竹の台座に棺はのせられ天蓋は美しい蘭の花で飾られ安置された。

一九四五年九月七日午後　さようなら

バリの午後の太陽が強烈な白い光を輝かせ集まった人たちの頭上を射した。人々のすすり泣く声が聞こえた。列をなし棺の前でお別れをする人たちのどの顔にも涙が見えた。棺の前の小さな台に香炉、りん（鈴）がおかれ、さらに周囲にはバナナやオレンジなどの南洋特産の果物類が高く供えられた。弔問客の一人が鳴らした鈴の音は「ちり〜ん」と、もの悲しく、何かをささやいている、ミウラの別れの言葉のようでもあった。バリ人の心も日本人の心もひとつになった。そこにいるのは戦争にもてあそばれ、振り回され傷ついた人たちの姿だった。

白布に包まれた棺に神々しいほどの太陽が照りつけ、アンクロンの音色がガメランとともに風にのり、多くの人に愛され敬われたミウラ自身の声のよう流れ哀愁をあらたにした。

「ババ・ミウラ　ババ・バリ」

ミウラの家を取り巻いていた群衆のなかから声がした。

「ババ……ババ……ミウラ」

すすり泣きがリフレインとなり、アンクロンやガメランの音色とともにバリ島の空にすいこまれた。

三時三〇分、僧侶出身の日本軍の警備隊員が軍服の上に袈裟がけをし棺の前にでると、読経をはじめた。周囲からすすり泣きの声が聞こえた。民生部長官・越野菊雄、稗方典彦主計、国崎内務長、八人のラジャ、バリ新聞社長・原沢信雄、日本軍将兵、邦人、郡長、華僑、アラブ代表などが次々に焼香と拝礼をした。儀式は終わった。プジャが泣いた、目が赤くはれあがった。スランガンが泣いた。

午後四時、青空の下、ミウラの棺はプジャや親しいバリの知人によって担がれた。葬列の先頭は市内の小・中学校、工業学校の生徒たちが、手に花や鈴をもちまたは楽器をもってならんだ。そしてバリの娘たち数百人が一列に、片手に白木綿《しろもめん》の細布がかかげ、もう片方の手には花をもった。その後ろに棺がならび八人のラジャ、一六人のプダンダ、三九郡長、村長、役人、警察官、華僑などがつづき、ガメランの音色が悲しく市内に轟いた。たった一人の日本人のために、しかも一九四五年九月、終戦の混乱時に、思い思いの正装で弔問した人々は数千人におよんだ。

弔問者全員が警備隊員僧侶の黙祷の合図でミウラの冥福を祈り、葬列は静かに動き出した。葬列はカリアサム通りを右に折れ本街道（現・ガチャマダ通り）に入り、デンパサール中央広場を左に見て北進した。沿道にはミウラの死を悼む人々が涙を流し、別れを惜しんだ。家々の軒下には半旗がかかげられ風にゆれた。半旗は独立の象徴であるインドネシア国旗、メラ・プティであった。

日本が晴れてインドネシアの独立を認める日、メラ・プティはミウラを悼む弔旗となった。

灼熱の太陽の下、葬列は延々とつづき、数千人の列となった。やがて市内バトン墓地に着き、ミウラの遺体はガジュマルの木の下に静かに埋葬された。ミウラ、享年五六歳であった。

ミウラの死は、さらに口伝てに全島民につたえられ島内は深い悲しみにおちたのだった。歴史の襞に埋もれた巨星ババ・バリは落ちたのである。

一九四六（昭和二一）年二月、戦災で焼けたあとの駅舎に「仙台駅」「SENDAI STATION」と書かれてあった。駅前は冬の風に砂塵をまきあげ、仙台砂漠と人々はよんだ。冷たい風のなか、二人の少女が父の帰りをまっていた。そして家族のもとに一人の男がおとずれた。

1942（昭和 17）年、ミウラの出征を前にしての記念写真。

第7章 仙台の家族

父をもとめて　*1945〜*

一九四五（昭和二〇）年七月一〇日、ミウラの留守家族が住む仙台にB29が襲った。数日前、米軍機が仙台上空から落としたビラには「仙台よいまち森の町　七月一〇日は灰の町」と書かれてあった。空襲予告である。空襲による犠牲者は一〇六六名、被災人口五七三二一人、被災戸数一九一三三戸、犠牲者の多くは身元不明者として処理され、仙台市の北方にある北山霊園に無縁仏として葬られた。

この夜のことを栄子は鮮明に覚えていた。

「真っ赤な空にサーチライトの光を浴びスローモーションのように飛ぶB29の機体が目に映りました。サーチライトに照らされたB29の光跡は赤く、青く、黄色く移動しながらガラスで作られた模型のようでした」

一二歳の少女が見た空襲の夜空は、どんな映画よりもきれいに天然色

空襲により被害を受けた仙台市内。（1945 年）

絵巻のように映ったのである。しかし栄子はすぐに現実にもどった。熱風が防空壕の隙間から押し寄せ、人々の助けを求める阿鼻叫喚の声が聞こえたからである。

※

仙台空襲から半年が経過した。巷に並木路子が歌う「りんごの歌」が敗戦でうちひしがれた日本人の心を慰めるように流れたが、空襲で家を失い、父を失い、母を失い、身内を失った人々がいた、それでも残されたものは生きていかなくてはならなかった。明るく唄った並木もまた東京大空襲で母を失った一人だった。戦後の闇市でりんご一個の値段は大工の日当よりも高く、「りんご高いや高いやりんご」と皮肉った替え歌も唄われた。それでも戦中の暮らしに比べれば人々は明るく希望に満ちていた。

一九四六（昭和二一）年二月、空襲で焼け落ちた駅舎に変わり、木造バラック建の仙台駅の屋根に「仙台駅」「SENDAI STATION」と並列で書かれた白い駅舎板が掲げてある。少し前までは敵性語として忌み嫌われていた横文字だ。奥羽山脈から吹く風が時々音をたてた。ほこりが舞った。蔵王の山々は冠雪し樹氷が冬の造形美をつくっていたが、戦争

で疲弊した人々にそれを堪能する余裕などあるはずがなかった。駅前広場から北に花京通方面に市電が走り、広場前奥に占領軍の鉄道輸送司令部の白い看板がある。駅前広場にはバスをまつ人たちや人力車が列をつくってはいるが、なぜか殺伐とした風景が広がり、復員兵はうつむき、大きな荷を背負った買出しの人々が行き交った。プラットホームで「祈・武運長久　祝・出征」の幟《のぼり》と「万歳！　万歳！」で戦地に送られた出征兵士の姿は、昨日のことのようだった。

冬の冷たい風が音を立てた。駅舎が泣いた。駅前広場に風が舞い人々を襲う。木製の改札口の近くに紺色のもんぺ姿に赤と白のセーターを着た二人の少女が立っていた。おかっぱ頭の少女の頬はまるでりんごのように赤く染まっている。二人は遠く列車の来る方向を見つめた。

赤いセーターを着た背の低い方の少女が改札口を見てさけんだ。

「あ！　おとうさん！　おとうさんがお帰りになったわ……、おとうさんだわ、おとうさんだわ、チャコちゃん！」

赤いセーターを着た少女は、チャコとよばれた少女の袖を引っ張った。白いセーターの少女は、ミウラの三女・久子、そして赤いセーターの少女が四女の栄子である。

二人が父を最後に見たのは二年前の一一月、「車庫前停留所」（東北大学病院前にある市電の停留所）である。停留所で手を振り笑顔

バラック建ての仙台駅。（1947 年）

で別れた父、母を大切にしなさいといった父、今はその停留所は焼失し二人が迎えることができるのは仙台駅だった。

バラック建の駅には毎日東京方面から復員兵を乗せた列車が停車した。カーキ色の軍服に身を包んだ復員兵の中に二人は父の面影を見いだそうと血眼になった。冷たい風がヒューッーと音を立て、久子と栄子のほほに打ちつけた。列車が乗客を吐き出した、父との再会を二人は目に浮かべた。そっと近寄り「お帰りなさい」「ただいま」という父と子、よろこび抱き合う父と子、久子も栄子も脳裏に浮かべることは同じだった。

ミウラは南国から帰ると、リュックサックいっぱいのお土産を持ちホームに降り立った。黒縁のロイド眼鏡の奥から見つめる父のやさしいまなざし、「勉強していたいい子にだけに、お土産をやろう」といった父、二人はいい子をよそおい、父をよろこばせた。滞在していた短い間、趣味の外国の切手をテーブルいっぱいに広げ、「これはイギリスの切手、これはフランスの切手」とうれしそうに二人に話した。晴れた日には、父の腕にぶら下がり広瀬川沿いを散歩した。燦燦《さんさん》と降りそそぐ真夏の太陽の下で川は輝き、銀鱗《ぎんりん》が飛び交った。土手に咲いたひまわり、もくもくと湧く入道雲、そして夕立、「雨だ！　逃げろ！　逃げろ！」と父に手をひかれ家にかけもどった日々が、少し前まであった。

「あ！」

と栄子がさけんだ。

「チャコねえちゃん　こんどこそ　おとうさんよ！　おとうさんよ！」

栄子は言うと改札口をすり抜け、乗降客をかきわけながらカーキ色の軍服を着た復員兵に近づいた。

「おとうさん！　えいこよ！」

数人の乗降客が振り向いた。

栄子は、復員兵の袖口にしがみつき、

「おとうさん！」

といったが、男は怪訝《けげん》な顔で振り返ると迷惑そうに栄子の腕を振り払い、愛想なく過ぎ去った。痩身《そうしん》でたしかに父の姿に似ていた。しかし父の丸いメガネもやさしい目もなかった。

「えいこ　今日はもう帰ろう」

久子はいったが、栄子は動こうとせず茫然と人ごみの中に立ちつくしていた。

「えいこ　もう帰るよ。お母さんが心配しているから……」

栄子の肩が震えているように久子には見えた。

あれはいつだったか、「えいこ、帰ったよ、お父さんだよ、いい子にしてたかな」。久しぶりに会った父、父に話しかけられると恥ずかしかった。幼い栄子は母の着物をつかみ後ろにかくれた。おとうさんと手をつなぎ一緒に姉を学校まで迎えにいったことがあった、やさしいおとうさん、もう一度お父さんに会いたい、と栄子は思った。

栄子の目は父と母に手を引かれる少女の姿に釘づけになった。

「……」

「えいこ、帰るよ」

久子の声に栄子はわれにかえった。

栄子は姉の顔を見ると悲しそうな目をして、

「うん」

といった。

母と子　*1947*

冬の太陽が、青葉山の山影を長くのばし沈もうとしていた。

しげがミウラのセーターから編み返したマフラーを頭からかぶり、二人が新坂通にある家に帰ったのは夕方のことである。この辺りは伊達政宗の居城・仙台城の城下町であり、かつては武士や足軽、職人などの住む閑静な町であった。

東北大学医学部前の小道を入ると八百屋が店を広げ、二〇メートルほど先に子どもたちの遊び場となっている材木置き場があった。杉や檜《ひのき》の香ばしいにおいがする。右に曲がったすぐのところに木造二階建の三浦裏の家がある。周囲は杜の都仙台とよばれるにふさわしい緑に囲まれ、朝夕は鳥の鳴き声が響き、風にのって広瀬川の清流の音が聞こえる。

「ただいま」

「お帰り」

二人の声に台所からしげの声がした。

「さむかったでしょう。二人ともほっぺが真っ赤だわ。お父さまは今日も帰りませんでしたか、早くお帰りになるといいですね」

前掛け姿のしげが、手をぬぐいながら出てきた。ひたすら父の帰りを待つ久子と栄子に愛おしさを感じた。

「あー、さむかった」

栄子が手をさすりながらしげのふところに飛び込んだ。そんな栄子の仕草をみて久子はいった。

「かあちゃんいやなのよ、栄子ったら知らないおじさんをつかまえては、おとうさん、おとうさんって何回も声をかけるの、だから私とても恥ずかしかったわ」

「チャコちゃんいやだわ、わたしそんなに声をかけてないもの」

栄子は不満そうな顔をした。

「……」

しげは二人のマフラーを取り抱き寄せると

「いいのよ、ケンカしないで……、久子、栄子、お父様は必ず帰ってきますから、必ず、ですからまた駅まで迎えに行ってくださいね。そして一日でも早くお父さまがお帰りになるように皆でお祈りをしましょう」

三人は六畳の居間に行くと卓袱台の前に座った。

しげが手を合わせた、二人がそれにしたがった。目を閉じると静かな冬の日の風音だけが聞こえた。

「お父さまが無事に帰られますよう、神さまお守りください。主の平安とともに。アーメン」

祈りが終わると静かに目を開け、しげはいつものように賛美歌五〇六番を口ずさんだ。

たえなる愛かな　あめなる御神は
み子をも惜しまで　くだしたまえり。

みさかえあれや　みさかえあれや
みさかえ、みさかえ、み神にあれや

しげが口ずさんだ賛美歌「たえなる愛かな」は、一九世紀後半アメリカの信仰復興運動の中で福音伝道家の手によって作曲された律動感あふれる歌である。庶民的であり、親しみやすく愉しく歌える。しげがこの賛美歌を好んだのは、三番にある歌詞「ちちなるかみと　み子なるイエスと　すくいのめぐみは　はかり知られず」がミウラと重なっていたからである。

父と別れたあの日、杜の都仙台に紅葉が舞っていた。その朝、父が「寒い、寒い」を連発したのを久子も栄子も覚えている。吐く息が白く空気の透き通った日だった。
母を心配させまいと明るく振舞う二人、しげは二人の姿に心が痛んだ。しかし光明が見えないわけではない、戦争が終わった今、仙台にも復員兵が帰還している。夫が笑顔でもどる日は明日かもしれないと、しげは思った。
外の風はやむことをしらず木造家屋のガラス戸をたたいた。隙間風が父のいない家族にいっそうのわびしさを感じさせた。

銃後の守り・その後の（終戦一〇ヵ月後） *1946*

戦争中、直接戦争に参加してない一般国民は国内を守ることから銃後の守りといわれたが、日本が戦争に敗けると一転して出征兵士の復員を待つ身となり、一日の糧をどうするかに追われた。

一九四六（昭和二一）年六月のある日、梅雨の合間を縫い神々しいほどの太陽が昇った。しげの一日は、ラジオのスイッチを入れることからはじまった。庭に夫が一時帰国したときと同じアジサイの花が咲いている。清涼な空気が室内に流れラジオから歌がながれた。六月だというのに秋の歌である。

静かな静かな　里の秋
お背戸に木の実の　落ちる夜は
ああ　母さんとただ二人
栗の実　にてます　いろりばた

美しいメロディーと秋の深まる風景の中で父親を心配するこの曲は、前年一二月に開始されたラジオ番組「外地引き揚げ同胞激励の午後」の中で流された「里の秋」である。川田正子の清涼感のある声につられ、しげは口ずさんだ。

戦争が終わり、年が明けると外地から帰国する日本人は多くなり、ラジオ番組「復員便り」が月曜から金曜日の午前、午後と二回放送され、しげはミウラの名があるのではないかと耳を傾けた。

明るい明るい　星の空
鳴き鳴き夜鴨《よかも》の　渡る夜は
ああ　父さんのあの笑顔

栗の実　食べては　思い出す
さよならさよなら　椰子《やし》の島
お船にゆられて　帰られる
ああ　父さんよ御無事でと
今夜も　母さんと　祈ります

しげは、ふるさとに残された母と子、星の降る夜に父を慕う情景、そして「さよなら　さよなら　椰子の島」とつづく歌詞に涙した。「里の秋」の舞台は、田園風景が広がる千葉県山武市が舞台だった。そこはかつて宗三郎が宣教し、しげたちが住んだことのある地であった。

終戦後、外地に残された邦人は約六六〇万人、アジア全域に及ぶ引き揚げは、組織で動く軍人の復員が比較的スムーズに行われたのに比較すると、統率力下にない一般邦人の引き揚げは、着のみ着のままの苦難の連続で逃避行に近かった。

留守家族は、今日こそは、明日こそは南方から肉親が帰るのではないかと一日千秋の思いで父や子を待ったのだった。

※

六月のある日、三浦家の玄関先に一人の男が立った。白い開襟シャツに黄土色のズボンにゲートルを巻きつけたセラム民政部の魚住豊喜である。

見ず知らずの男にしげは怪訝な顔をしたが、夫に似た南国のかおりを感じた。

「私は三浦裏様とともにバリ島で働いていました魚住と申します」

しげは鼓動の高鳴るのを感じたが、魚住が帰国の挨拶に見えたのだと思った。

沈黙が流れた。魚住が深々と頭を下げた。

「実は奥様申し上げにくい話なのですが……」

しげの鼓動がさらに高鳴った。

「ご主人の三浦裏様のことですが……、実は昨年の九月七日にお亡くなりになりました」

「……！」

しげの体が小刻みに震えた。頭の中が真っ白になった。数分が経過した。しげは動けなかった。魚住の言葉が信じられなかった。バリ島では大きな戦争はなかったはずである、それなのになぜ夫は死んだのか、病気なのか、事故なのか、しげは魚住を見ると「どうして？」といおうとしたが体全体がふるえ言葉にならなかった。

「ごめんさい」

しげは口に手をあてると台所に走り泣き崩れた。台所から嗚咽が聞こえた。母の異変に気づいた久子が台所にかけつけた。しげが泣いている。ふだん気丈夫な母が体をふるわせ泣いている。いつもより母の姿が小さく見えた。

「お母さん……!?」

母の嗚咽はとまらなかった。大変なことが起きたのだと久子は思った。

しげは久子を見ると、

「お父さんが……」
とだけいって泣きつづけた。
魚住はいたたまれず、一礼をするとその場から立ち去った。

家族への遺書　*1946.9.7.*

民政部交通課長・国分豊蔵は、七月二〇日に病院船でスラバヤを発ち九月一日に日本の土を踏んだ。やはり日本人である、望郷の念に燃えながら故国の土の上に立ち富士山の山容を見たときは、思わず涙が出た。上野から列車に乗る、足の踏み場もない車内、車上にも人がいた。国分は雑嚢《ざつのう》を胸元でしっかりと抱えていた。中にミウラの遺品が入っていた。本来ならば三井農林社員で後に広島大学教授になる藤岡保夫が届けるはずであったが、国分の復員が早まったことで彼が持参した。

国分が仙台に着いたのは、ミウラの一周忌にあたる九月七日のことである。雑嚢の中身が一日でも早くと彼の足を運ばせたのであるが、ミウラの死を家族に伝えることはつらかった。遺言を手渡せばミウラの死は現実となり家族を奈落の底に落とすことになる。国分にとってもつらかったが、それ以上に遺族にはつらい一日となるにちがいなかった。

国分が仙台駅に着いた日、残夏の太陽が輝いていた。駅舎から一歩足を踏み出すと『りんごの唄』が軽快なリズムで聞こえてきたが、国分の足取りは重かった。国分は仙台駅に書かれた「仙台駅・SENDAI STATION」の文字を見て、やはり日本は戦争に負けたのだと思った。

この日。国分は額の汗をぬぐいながら、藤岡に聞いた住所を頼りにミウラの家を探したが見つけることができなかった。断腸の思いで仙台を後にし、再び家族の元を訪れたのは二週間後のことである。遺品の中には遺髪、遺書が入っていた。

「家族への遺書

昨年十一月二十八日出発以来一度も手紙はこなかった。

其の後の再三の爆撃で如何に相成りしやと案じて居る。遂に其の知らせを得ないで世を去る事になったが、如何なる状態に相成っても強く生き抜いていってくれ。

私は、三年有半のご奉公の最後を全うすべく遂にバリ島の土となる事を決意し、六時間後、笑って世を去る。自決を決意して数時間の後に世を去る者なるに不拘《かかわらず》、何等の不安も動揺もない。之れは今許ばかりでなく、已《すで》に半月も前からである。全島各部に於て最后の講演をなし、昨日は当デンパサール映画館でやった。

残されたお前等の事考えると誠に憐れであるが、私の自決は、原住民の覚醒《かくせい》を促進せしむるに大いなる効果あるものたる事を信じて疑わぬ。

十二月十九日帰島以来二百二十余回の講演をし、宗教改革運動もやった。三年有半のバリ島滞在は、実に意義深いものである。

俊雄はどうしたか、祐子一家は無事か、新坂通りの家はどうなったか。

皆達者で、強く生き抜いて、祖国復興に努力してくれ

左様《さよう》なら

昭和二十一年九月七日午前一時四十分　（自決六時半予定）

墓も己に立派に出来た。何もかも、万事準備完了した
しげ子　道子　久子　栄子へ
坂本君一家外皆様へ宜敷《よろしく》。

三浦　襄」

告別式　*1946.10.27. pm2:00*

ミウラの告別式は一〇月二七日午後二時、仙台市内の北三番町教会で行われた。参列者は、ミウラの中学時代の級友・鈴木旦三、民政部司政官・小玉明、軍政部・加賀省三、庄司芳明、民政部・国分豊蔵、教会関係者、尚絅女学院、宮城女子大などの学校関係者など約七〇名である。今でも久子の手元には告別式の次第が残っている。

奏楽		佐藤　操
遺影入場		一同起立
賛美歌	四九八番	一同
聖書祈祷		横山牧師
賛美歌	五〇六番（婦人愛吟）	一同
弔辞		諸氏
頌		五六八番
終　祷		横山牧師
遺影退場		一同起立

フィリピン・ルソン島で戦病死した長男・俊雄の死は、ミウラの告別式後届いた。

挨拶　　　　　　遺族代表

次第にある賛美歌は、しげ、道子、久子、栄子によってミウラの好きな四九八番、しげの愛した五〇六番が選ばれ、参加した多くの人がミウラの死が殉教に近いとはいえ複雑な思いだった。告別式での遺族代表の挨拶はしげである。今では資料もなく想像するしかないが、代表挨拶にもっとも近いのではなかろうかと思われるものが、一九五二（昭和二七）年三月の『バリ会報』に記載されている。

「終戦後、復員船のニュースを毎日ラジオで聞く時間は、どんなに待ちどうしかったでしょう。明日こそは南方でよいと。しかし、私共には、その日はまいりませんでした。二十一年六月、魚住様がご帰国になり、主人の訃報を知らせて下さいました。

　その悲しみがうすらぎもせず、まだ生々しい中に今度は長男の戦病死、あまりにも大きな悲しみに前途は真っ暗闇、呆然として迷うことさえしばしばありました。しかし、遺書に『生きぬいてくれ』の言葉を思うと時、自分は強く立たねばならない。父と兄を同時に失った子供達に悲しい暗い生活はさせたくない。出来るだけ明るく育てなければと決心いたしました。

　この決心、覚悟が弱い私の身と心を励ましてくれ、今日まで働きつづけております。道子は久慈の社会館に奉職し、久子は新制大学三年に、栄子は高等学校三年に、それぞれの道を進んでおります。

　戦前、主人は一年に一回は色々なおみやげを持ち帰り、子供達を喜ばせておりました。南

方からは、一ヶ月に二回は細々とあちらの様子など手に取るように書いてよこしました。

バリ全島を自転車で一周いたしました時などは、よくもこんなに詳しく面白く書かれたものだと思うほど楽しそうな旅行記事を送って寄こしました。いろいろあれやこれや思い起こせば、ほんとうにやさしい父親でございました。

特に、十九年戦争半ばに帰国いたしました時は、暇さえあれば子供達の相手になり、旅行に或いは近くの山や川に散歩に、或いは町に買物にと楽しい思い出の数々を残しました。

再度バリに帰ります時は、色々なものを整理いたし、日記帳なども家に置いて行きました。今考えますと思いあたる事が沢山ございます。終戦より六年、短いような長いその間色々な経験をいたしましたが、いつも『生きぬいてくれ』の言葉を思う時、強められて再び立ち上がることが出来ます。子供達の学校卒業のその日を楽しみに、いつの日にか会見るその時は、よく子供達を育ててくれたとほめられる積りで、日々の生活を張り切っていたしております」

しげは、一九八三（昭和五八）年、八七歳で亡くなっている。

三浦襄・昇天五〇年　*1995.5.14.*

海軍主計の稗方は復員したあと、毎年三浦襄の命日に遺族宛の手紙を送っている。しげ没後もである。一九九五（平成七）年に送られた手紙にはこうある。

「謹啓
お父さま　昇天されて　五〇年　　明日は命日ですね

前日の五〇年前九月六日　夜おそくまで　バリの人の多くの上層部と共にいろいろと語りました
最期のお別れの笑顔　今でも　目に浮かびます
本当に立派なお父さんでした
デンパサール、カランアサム、シンガラジャ、ネガラと八王国をプジャ知事と三名でかけずり廻ったのも　僅か三ヵ月でしたか　三名でやりたい理想のまま邁進した日々でした
所属の海軍との間にいろいろあって苦労して居られましたが、気持ちはまったく陸軍の我々と同じでした
海軍といっても設営隊でしたので気の毒でした
給料も陸軍の我々が代払いして居りました
敗戦後、プジャ、グループが上陸部隊の陸軍に頼ってきたので三浦さんも、民政部より我々との間が近くなってしまって変でした
霊界より当時を思い出して笑って居られるでしょう
早くお別れしたお父さんをおうらみになった時もあったと思います
当時は我々もなかなか理解できませんでした
今はわかります
どうか、許してやってください

九月六日一一時　稗方　典彦」

ミウラの墓はバリ島と仙台と二つある。仙台の墓は、仙台市北部の北山の輪王寺裏の杉林の中の北山墓地にある。この辺《あたり》は仙台東一番町教会の墓地になっており、近くに三浦家と切っても切れない尚絅女学院の創始者ブゼル先生や終戦時の学長でしげの面倒をみた高橋重人の墓もある。さらに足を伸ばせば伊達政宗の家臣・支倉常長の墓、光明禅寺があり、生前ミウラは、道子、久子、栄子を連れ墓参している。

木立の中の小道を歩き少し登ると、祖母・内田はまの墓、父・三浦宗三郎の墓、そして三浦家の墓が仲良く並んでいる。三浦家の墓と刻まれた墓石の背面には、三浦しげ、三浦襄、三浦懿美、三浦俊雄の名が刻まれている。墓石の下のミウラの骨壷に入れられているのは、国分豊蔵が持ってきたミウラの遺髪である。

一九九五（平成七）年五月一四日、「三浦襄の昇天五〇年を記念する会」が、バリ会の会合と合わせて仙台で行われた。バリ会とはバリ島にゆかりのある人たちの集まりである。

木立の中を五月の風が抜け、芽吹いた木々の緑の間から青い空がみえる。墓参に訪れた一行の中に久子と栄子の姿が見える。この地にすでに何回来ただろうかと二人は思った。来る楽しみもあった。それは木立の中を風が吹き抜けるとき、父の声が聞こえるからであった。

「久子、栄子、風は仙台の街を越え、日本の山を越え、野を越え、海を越え、やがて遠い外国にも行くんだよ。日本だけを考えてはいけない、広く世界を見るんだ、そして羽ばたくのだよ」

父が死んでから五〇年が経過したが、たしかに風とともに父の声が聞こえたのである。

わが行く道　いついかに

なるべきかは　つゆ知らねど
主はみこころ　なしたまわん
そなえたもう　主のみちを
ふみてゆかん　ひとすじに

父の好きだった賛美歌がながれていく、まるで父が歌っているようだ、と二人は思った。久子の頬に涙が伝わった。参列した人たちの声はしだいにボリュームを増し、いくつもの音声が重なり風の中に消えていった。

この日、市内のレストラン・ノアで塩竈《しおがま》キリスト教会の斉藤久吉名誉牧師が「隣人愛に生きた三浦襄」と題して記念講演を行った。斉藤牧師は久子の義父にあたる。

講演内容は、塩竈キリスト教会機関誌「更生」五二四号「バリ島の父　三浦襄は何故自殺したか」に掲載されている。大意はミウラの生涯はクリスチャン・スピリットなくして語れないというものである。そしてミウラの幼少時からの人格形成に、聖書ルカ伝による福音書十章二五節～三七節にある「隣人愛」をあげている。つまりミウラの劇的な最後は、日本精神による最期ではなく聖書ルカによる福音書にある、というのである。

仙台市北山にある三浦家の墓、ここにミウラの分身（遺髪）が眠っている。

「更生」五二五号では、ミウラは死ぬためにバリ島に帰任した真実の愛国者であり、その愛国心は、祖国日本を生命《いのち》懸《が》けで愛したように、現住地バリ島、インドネシアを愛した。愛するゆえに生命懸けで愛の実践に尽力し、一粒の麦として地に落ち、死の勝利が多くの実をむすんだとしている。

終戦記念番組として、一部のマスコミが、ミウラの死は、極端な日本精神であるごとく取り上げたが、私はそれだけではないと認識している。斉藤牧師同様、クリスチャン・スピリットを強く感じるのである。

以下は私見である。

ミウラはクリスチャンであるがゆえに自決はご法度である、そのミウラが自決をもって日本人の不始末をわび、独立を喚起する、その精神性にはたしかに矛盾がある。ミウラの行為は聖書にある「隣人愛」が根底にあることはたしかだが、大局的に見るならば、ミウラは教義を超越したものを自らの死に見出したということである。死というプロパガンダを通してバリ人の精神を喚起し、ミウラが一粒の麦として地に落ちることによって、オランダや日本に統治されていた被抑圧者からの開放を目指したと、考えるべきである。

死ぬためにバリ島に戻ったミウラ、それは彼の日記からも予見できる。自ら十字架を負い、真のキリスト者として、彼の人生の中で育んだ信仰を実践した、それが教義に反してでもある。つまり彼は神の代理人として生命を抹殺し、祖国を愛したように、バリ島、インドネシアを命がけで守るという神の愛を実践したのである。

またミウラの中にあった日本精神、武士道が後押をしたといってもよい。ミウラが見た敗戦後の日本軍将兵たちの体たらく、その中に絶対的武士道を見いだすことができなかった、だから真の日本人を自ら演出したと考えるのはまちがいであろうか。

東京銀座のバー・ダンボで行われた三浦翁を偲ぶ会。遺影をもつのが妻・しげ。

三回忌　*1947.9.7.*

戦後、ミウラを偲ぶ会は「昇天を記念する会」と名付けられ節目ごとに家族の手によって行われているが、はじめて関係者を集め行われたのは三回忌にあたる一九四七（昭和二二）年九月七日ことである。この年筆者は産まれている。

会は「三浦翁を偲ぶ会」と冠され東京銀座のバー・ダンボで行われた。発起人は生前ミウラと親交のあった高見順などの文人や関係者である。出席者は高見のほかに政治風刺で有名な漫画家・近藤日出造、作家・戸川幸夫、直木賞候補作家・湊邦三、洋画家・伊原宇三郎、日本画家・伊東深水、漫画家・小野佐世男や鈴木旦三、山尾薫朗、黒沢隆、矢島茂雄といった文芸関係者、そして元海軍第三警備隊の軍医長北村、デンパサール監理官の矢島、元バリ新聞社長で読売新聞の原沢信雄、三井農林社員の藤岡保夫、棚橋組支店長の来栖、元読売新聞特派員の弓削益城、そして南洋商会初代会員・坂本益雄など三六名だった。文人たちは戦争に報道陣などとして参加した人たちだった。いわゆる

「戦う文化部隊」といわれた人たちである。

二〇一一（平成二三）年二月、遺族から送られてきた「三浦翁を偲ぶ会」の芳名簿に坂本益雄の名前を見つけたとき、私はおどろいた。遺族の話によると栄子が小学二、三年のころ（昭和一七、八年）、坂本一家は新坂通の同じ町内に住んでいたとのことだった。

「三浦翁を偲ぶ会」には、仙台からはしげが招待された。

ミウラをよく知る高見が、ミウラとの思い出を込めて最初の挨拶をした。

高見が戦前バリ島のミウラを訪ねたことは前述したが、彼が蘭領東印度のことを書いた『ある晴れた日に』や『蘭印の印象』にミウラは雑貨店の店主佐々木として登場する。たぶん高見のバー・ダンボでの話はこれと似たような内容だと思われる。

一九四七（昭和二二）年、戦争が終わり戦後復興のなかで人々は生きることに懸命だった。外地からの復員や帰国が一段落したとはいえ、東南アジアや中国に残された人がおりシベリヤには抑留されている人たちがまだ多くいた。多くの日本人は戦争を忘れたかった、できれば敗戦の屈辱や悲惨な戦争を思い出したくなかったにちがいない。一時の平穏が訪れると苦難の道をともに歩んだ人たちを思い出す、そんな中で三浦襄の「昇天を記念する会」は行われた。神のごときミウラは人々の心から一時も離れなかったのである。

高見がミウラの好きだった句を詠んだ。

思いやる八重《やえ》の汐々《しおじお》　いずれの日にか国に帰らむ

「名も知らぬ遠き島より」ではじまる島崎藤村の詩『椰子の実』は「いずれの日にか国に帰らむ」で結んでいる。柳田國男が、黒潮に乗ってくる椰子の実は幾年月の旅を得て南洋諸島から流れてくる、南洋は日本民族の故郷だといったことから藤村がヒントを得てつくられたものだが、しげは高見の句を聞き胸に迫るものがあった。なぜなら夫は幾年月の旅を経ても帰ることはないのである。ミウラの死んだ九月七日がなければこの会もなく、夫は同期の桜として別名の会に出席しているはずであった。

高見の挨拶のあと湊邦三は、ミウラと列車に乗ったときの話をし、黒沢隆はミウラと音楽、山尾薫朗はバリ彫刻とミウラなどの話をした。

伊原宇三郎は、戦後著書でパブロ・ピカソを書きピカソブームに火をつけたことで有名だが、その伊原が熱く語ったのはブドゥグゥル（標高二千にあるバリ島の避暑地）でミウラから聞いたバリ彫刻の話であった。

「バリ彫刻は世界的に有名なドイツ彫刻の表現派の流れをくみ、昇華された独特のものだ。しかし観光客に迎合するためか、その良さが失われかけている。バリ本来の彫刻にもどさねばならぬ。ミウラさんは古典的なバリ彫刻を集めておられ、しばしば博物館に通っておられました。ミウラさんの心配はよくわかります」

伊原の語りはまるでミウラのようだった。そして話をつづけた。

「ミウラさんも私も、バリ彫刻の良さが失われかけていることには同感であり、その後ミウラ

さんはバリ彫刻の振興に精進していました」

しげもミウラからバリ彫刻の話をたびたび聞いたことがある。ミウラが持ち帰ったバリ彫刻は、自宅に所狭し、とおかれていたが、ミウラがバリに戻るころにはその大半はなくなった。「家にはいつでももってこられるからね」、夫はそう笑っていったが、いまバリ彫刻が自宅に一つもないと思うと、しげの目頭は熱くなった。ミウラとバリ島で辛酸をなめた人たちが集うのはかまわないが、遺されたものが聞かなければならない夫の思い出ほどつらいものはなかった。

藤岡保夫が立った。

「私はミウラさんと最後までお付き合いをさせていただきました。一言でいうと崇高な方でした。ミウラさんとはバリ島を一緒に回りましたが、口癖のように敗戦とは関係なしにインドネシアの独立運動をつづけていけと我々を激励しました。ミウラさんが死を決意したのは終戦後一〇日目のことでした。最初は九月一日午前六時と決めておられましたが、宗教改革運動などのために延びたようでした。ミウラさんの自決にいたる要素は二つありました。一つはインドネシア完全独立運動の熱意を、死をもって鞭撻する、もう一つは自分の体は死んでも魂は残っているので魂で応援することでした」

藤岡の話がここまでくるとこらえていたしげの感情が一気に堰を切り、しげの目から大粒の涙がこぼれ落ちた。藤岡はしげの涙を見ると、非凡なミウラの功績をたたえて話を閉じた。

しげの胸中に去来したものは、子を抱えた母として、ただひとつ、「生きていて欲しかった」ということである。非凡でなくても崇高でなくてもよい、平凡な父親として子どもたちの前に姿を見せて欲しかった。それが子をもつ親の本音であった。

その後、北村軍医長がミウラの思い出を語り、最後に弓削がバリ人から聞いたミウラの人柄やミウラの陰の功績などが話し、参会者は今更のようにミウラの偉大さに感動していたが、しげはうつむいたままだった。

その日参加者全員で、南の空に向けてミウラの冥福を祈り黙祷し散会となった。

しげがダンボを出ると銀座周辺には夕闇がせまっていた。巷ではＮＨＫラジオドラマ「鐘の鳴る丘」の主題歌が流れていた。

緑の丘の赤い屋根
とんがり帽子の赤い屋根
鐘が鳴りますキンコンカン

少女が明るく歌い上げるほどに、しげにはむなしく聞こえた。

新橋のガード下で松葉杖をついた傷痍軍人がアコーデオンを奏でていた。まだ戦争は終わっていない、と思った。

空はどんよりし今にも雨が降りそうだった。

しげは重い足取りで新橋駅に向かった。

ミウラの亡きあと、バリ島では独立戦争がはじまる。マルガラナ村で戦った兵士の心の中にミウラは生きていた。そう証言したのは、独立戦争後もバリ島に唯一残った元日本兵・平良定三である。

バリ島ングラ・ライ国際空港は、バリ独立戦争の英雄ングラ・ライの名が付けられている。空港を出たところにある彼の像は、観光客を歓迎するように立っている。

終章

戦後も生きた三浦襄

バリ島百三十兄弟諸君へ　*1945～*

三浦襄の取材は、私が一九八四年からはじめたインドネシア残留元日本兵（以下・元日本兵）の延長線上にある。日本の敗戦後、彼らは何らかの理由により残留し、インドネシアの独立戦争に巻き込まれ、戦後日本が経済進出をすると通訳や日本企業の現地スタッフとして日本とインドネシアとの架け橋となった人たちである。（参考、拙著『インドネシア残留元日本兵を訪ねて』）

私は約一五〇〇人の元日本兵を取材したが彼らのほとんどが今では鬼籍に入り、二〇一一（平成二三）年現在で三人を残すのみとなった。戦後長い間彼らは逃亡兵の汚名を着せられ貧困の中で苦悩の人生を送ってきたが、一九九五年、当時の在インドネシア日本国大使・渡辺泰造によって感謝状が贈られ名誉を回復した。一国の大使の感謝状は希であり汚名を晴らすのに十分だったのである。手前みそになるが、この年私がジャカルタで行った写真展「帰らなかった日本兵」そして前年、朝日新聞社から出した同名の単行本が彼らの名誉の回復に寄与していることも付け加えたい。

贈呈式はジャカルタの日本大使公邸で行われたが、その席上にいたのが沖縄県宮古島出身でバリ在住の元日本兵・平良定三である。もちろん私もその場におり彼等を祝った。

私が平良にはじめて会ったのは一九八四年八月のことであり、その後ご子息の結婚式に招かれるなどバリ島に行くたびにお会いしている。

一九四五（昭和二〇）年、平良は日本軍兵士としてティモール島で警備中に日本の敗戦を知り、バリ島の本隊に戻ったのは、ミウラが死んだ九月七日である。つまりミウラの死と平良のバリ上陸の日が同じだったのである。

一九八四年の取材のとき、思い出したように平良が私にいった。

「私は霊峰アグン山を見ながらバリ島東部のバダンバイに上陸しました。そのときなにかを感じたのです。今思えばミウラの魂が、この国の独立戦争に参加するよう示唆していたのかもしれません」

平良の言葉をかりれば、ミウラの魂が平良にのりうつり、バリ島の独立戦争に参加させたことになる。そしてこうつづけた。

「私はミウラさんに会ったことはありませんが、ミウラさんが死をもってインドネシアの独立を若者たちに託したことは、独立軍兵士から聞きました。独立戦争中若い兵士は『プロンタ・ムルデカ！』（立て、独立へ）『ムルデカ・アタウ・マテ！』とさけび戦いました。彼らの多くが、ミウラさんがバリ島全郡をまわり最後の演説をしたのを聞いていたのです」

それにしても私が不思議に思うのは、平良が真顔でいう「ミウラさんは生きていた」という言葉である。通算一〇回ほど平良と会い、最後にあったのは二〇〇四年の正月だが、そのたびにこの言葉はでてくる。前述と矛盾するが、平良がいうには、埋葬されたのはミウラのダミーで、ミウラ自身はアグン山の麓に住み独立戦争を戦ったのだという。平良が何をもってミウラ生存説を唱えるのかは不明だが、彼の心の中にミウラが生きていたことはたしかだ。

その平良も二〇〇四年六月にミウラのもとに旅立っている。

スカルノの独立宣言後、インドネシア国内では日本軍の武器をめぐって騒然とした。バリ島も例外ではなく、敗戦後連合軍下におかれた日本軍とインドネシア側で武器の争奪があり双方に多くの犠牲者が出た。もしミウラが生きていたならば、スムーズに日本軍の武器を独立軍に引き渡せたかもしれない、というのは平良である。

一九四六年三月二日、オランダ軍は、日本軍がかつて上陸したサヌール海岸沖に再統治のため大船団を停泊させた。この日よりバリ島でも本格的な独立戦争がはじまった。

序章で紹介した日本軍船団を見たラドさんは、私にこういった。

「日本軍と同じようにオランダの大船団はサヌール沖に停泊しました。三年前と同じような光景で怖くなりました」

二〇一〇年一〇月、私はバリ島の中ほどにあるマルガラナ村の英雄墓地に立った。正面の石段を登ると戦う兵士の像があり、後方につながる敷石を歩いていくとバリ島の英雄イ・グスティ・ングラ・ライ（以下・ングラ・ライ）中佐の像が周囲を見下ろすように立っている。

周辺には修学旅行の学生が歴史の勉強にいそしみ、また独立戦争に散った兵たちの遺族が集い弁当を広げている。

実は一九四六年一一月二〇日、この地でオランダ軍とインドネシア軍との間で壮絶な戦いがあり、ングラ・ライ中佐率いる兵九六人が壮絶な死を遂げている。いわゆるププタンである。ングラ・ライ像からさらに裏手に足を運ぶと独立戦争に殉じた兵士たちの墓がある。周辺に植えられたカンボジアとよばれる菩提樹の花の香りが甘くただよう。先頭の墓石はングラ・ライ中佐で、以下隊列を組むように並んだ墓は、全部で一、三七二基、今でもングラ・ライが命令を下すのではないかという錯覚におちいり、思わず身震いする。墓石の一つ一つを確認していくと、刻まれた墓石に松井、荒木、梶原といった日本名の墓石が一一基認められるが、JEPANG（日本）とだけ書かれたものがあることに気づく。JEPANGと刻まれた墓石は、元日本兵が原隊を離れると逃亡兵の烙印を押され、日本の留守家族に迷惑がかかるため現地名で通したからである。戦

（上）隊列の先頭に立つようなングラ・ライの墓。
（中）現地名とジャパンとだけ書かれた日本兵の墓。
（下）隊列を組むように整然とならぶ戦士の墓。

陣訓・生きて虜囚の辱めを受けず、が戦後も生きていたことを示している。

やはり三浦襄を語る場合、この地で玉砕したバリの人々を抜きには考えられない。それは平良がいうように、バリ島で独立戦争を戦った若い兵士たちの心の中にミウラが生きていたからである。

後述するが、ミウラが島民にあてたミウラの遺書の文面で平良のいったことを証明することができる。

私は、その日マルガラナの英雄墓地からデンパサール市内にあるミウラの墓に直接行った。直接行ったのは、玉砕した兵士たちとミウラとの精神的なつながりを維持したかったからである。

序章でも書いたが、ガジュマルの木根が覆いかぶさるように墓を守り、墓の前部の石版に「MIURA MENINGAL 七、九. 二六〇五」と書かれてあった墓は、すっかり新しくなり様相が変わり、私は落胆した。ガジュマルの大木、風雨にさらされ朽ちかけた墓、そこに私はミウラの墓の歴史と存在感を強く感じていたからである。

墓の改修は州政府の環境整備計画のもと、撤去されるおそれがあることから、地区の有力者が日本総領事館に、隣接寺院の一部にするのが望ましい、との陳情があってからはじまった。

改修作業を当初からバリ側の代表として事にあたったのが、ミウラの意を組み少年兵士として独立戦争に参加したマデ・ダマだった。彼は改修にあたってこう語っている。

「お世話になったのは私たちバリ人なのだから、日本人の手を借りず私たちの手で墓を改修し、守っていきたい」

遺族はマデ・ダマの心温まる言葉に、「戦後六〇年を経た今日も、ミウラに心を寄せて下さっている」と感謝の意を述べている。

戦後六〇年以上が経過、バリ島の若い世代がミウラの墓の存在を知らないことは、日本人があの戦争を忘れかけているのと似ている。

マデ・ダマの言葉は、ミウラが今後もバリ島と日本との架け橋となり、後世につながることを意味している。

この改修には土地の持ち主であるペメチュタン王家の協力の下に、バリの人たちが「墓地改修委員会」をつくり、日本とインドネシアの国交樹立五〇周年の二〇〇八年七月に完成している。私も五〇周年のチーフカメラマンとしてこの地をおとずれた。

改修が完了するまで、工事が中断するなど紆余曲折があった。そんなとき「三浦翁の墓は、一地域団体が守るものではなく、広く、バリ島民みんなで守っていくものだ」と主張したのもマデ・ダマである。また改修にあたって遺族の立場にたち通訳や助言をしたのが、ミウラが養育したアキラの子である。

墓の右手にアグン山から切り出した黒い御影石で作られた縦約一メートル・横約二メートルの屋根付の碑文がある。右側に日本語で書かれたミウラの島民宛の遺書の抜粋とミウラを師と慕ったカトン視学の挨拶文がある。

真新しい碑文を激しい太陽の下で読みはじめた私は、瞬く間に胸があつくなった。

「〜吾々は今まで絶えず諸君に日本精神を、武士道を、或いは犠牲的精神を説き君国の為には喜んで死ぬ事、インドネシア独立の基礎は諸君の犠牲の血であり骨であらねばならぬことを強調してきた。

（上）改修されたミウラの墓と碑文（右側）。
（左）墓の入口につけられた碑文。

更に日本人の断言せる事は必ず断行すると言う事実を諸君の前に示す事は三年有半育成せられたる諸君の覚醒せる精神に更に一段の向上進歩を遂げしむる最後の教訓である事を私は信ずるものである。

今私は穢れたる肉体をかなぐり捨て清き正しき憐憫と感謝に満つる霊魂となりてバリ島に止まり吾が敬愛し親交せる百三十万同胞の繁栄と幸福とを永遠に祈り念ぜんとするものである。……

諸君よ　さようなら。

皇紀二千六百五年午前六時（西暦一千九百四十五年）

三浦　襄

バリ島百三十兄弟諸君へ」

ミウラは遺書で、インドネシア独立の基礎は諸君の犠牲の血であり骨であらねばならぬ、と強調している。そのミウラのバリ青年に託した精神は、マルガラナの戦いに象徴されるププタンで実行されている。

それから碑文左側のカトン視学の挨拶は、ミウラの死後一二日目の式のときのものであり、要約すると、住民がバパ・バリと慕ったこと、バリ人のために尽くしたこと、生きながらえてほしかったこと、そして、ミウラの死はすべてのバリ住民や土地が永遠に安泰であるための一つの道であったことが書いてある。そしてさらにミウラの行為は村から村に知れ渡ったとまとめている。

しかし戦後長い間続いた島民の墓参も、一九七〇年代後半になると少なくなり、私がはじめて墓参した一九八四年には蘭の花が散りばめられてはいたが、人と会うことはなかった。そして一九九〇年代になると墓は荒れ果て忘れされたようにたたずんでいた。

私は改修されたミウラの墓に落胆したと書いたが、三浦襄という日本人がいた事実をバリの人々そして日本人の多くに知ってもらうために、今ではこの改修は意義あると考えている。私の落胆は単なる感傷にすぎなかったのである。

二〇〇五（平成一七）年一二月、ブナルガン村にマルガラナの戦いで散った元日本兵・松井兵曹長と荒木上等兵曹の記念像が村民の義援金で立てられた。二人が独立戦争中この地で若者を集め軍事訓練をした、その感謝の気持ちだという。アジア各地に日本軍は進駐したが、このような記念碑の例はめずらしい。この地に立つと周辺の清掃が行き届き、彼らがミウラ同様に島民から感謝されていることがわかる。

二〇一〇年六月、バリ日本語補習授業校の子どもたち約三〇名が墓参した。天蓋にあふれんばかりのあざやかな色の花の数々、子どもたちを好きだったミウラがよろこんだにちがいない。いつでも話ができるといっていたミウラ、子どもたちとどんな話をしたのであろうか。

ミウラが死をもって若人に託したことは、平和であり、インドネシアと日本の将来をになう子どもたちである。

これを機にミウラのバリへの思いが、日本そしてインドネシアの若い人たちに受けつがれていくことを熱望したい。

最後に海軍民生部長官だった越野菊雄の言葉をかりて、ミウラの物語を終わりとしたい。

「民生部長官になれる人は何人もあろう。

然し、ミウラさんになれる人はいない」

あとがき

私は子どものころから教会に行っているが、洗礼を受けた敬虔なクリスチャンではない。しかし教会という土壌の中で育った私のキリスト教への好奇心は人一倍強いと思っている。一九八四年に三浦襄（ミウラ）をはじめて知ったとき、キリスト者であるミウラがなぜ禁忌とされる自殺という道を選んだのか、という素朴な疑問にぶつかった。元日本兵が武器を持ち独立戦争を戦ったのに比べると、ミウラの行為はあまりに形而上学的な側面が強いのである。やがて私はフィールドワークを通しミウラの非凡さを知ることになる。つまり彼の死は後々独立戦争に参加した若者やバリの人々の中に生きていた、という事実である。

ミウラの死生観は未来永劫つづくものであり、復活し彼の国からバリの人々を見守りつづけている。

オランダの植民地時代インドネシアの人々は搾取され、日本軍政下でも人々は過酷な生活を強いられた。それはロウムシャという言葉でも象徴される。

インドネシア元副大統領のアダム・マリクは「オランダの植民地支配は尊大で冷酷」、日本軍のインドネシア支配を「戦慄すべき策略」といっている。インドネシアの高校の教科書には「日本はインドネシアを占領したことのある国の中で、もっとも残酷だった」と記している。

標高2,000メートルのセセアン山頂よりバルップ方面を眺める。

アダム・マリクはさらにつづける。

「いったい何千人の罪のない人たちが憲兵隊の暴虐によって、不条理に死んでいかなければならなかったのだろうか。何千人の人達がビルマの鉄道建設で死んでいったのだろうか。日本軍はボルネオ島バンジェルマシンにおいて全ての知識人を突如として虐殺した。また日本人の口汚く野卑な暴言を聞いた時に、我々はいかに恐れおののいたであろうか。しかし、我々は屈辱に耐え忍ばなければならなかった」

これらの人的被害は、戦後賠償の算定にもなっている。

しかしあの時代、ミウラがバリにいたことは、バリ島民にとって幸せだったといえるのではないだろうか。戦争という状況下で少なくとも一人の日本人が、自身を省みずバリの人々のために尽くし「人間愛」を貫いた、それがわかっただけでも私はうれしいのだが、ミウラの生涯を思うと悲しく切なくなる。

非力な私がミウラの偉大な人生をえがくのに、構想段階から上梓するまでに長い年月がかかってしまった。

あの時代、心から異国の民を愛し、異国のために殉じ、家族を心から愛した日本人がいたという事実を多くの方に知っていただきたい。これが本著は目的である。

フィールドワークを通して多くの発見と驚きがあった。

第一に、堤林が書き残したミウラへの評価「世辞功になりし事酒飲むこと大言壮図を軽く話す信仰落ち行く様見へて之を悲しむ」である。

酒好きで大言壮図を軽く話すミウラであったら、この本の成立はありえない。私は仙台にお住まいの栄子さんのご主人天野安彦氏に何度も問い合わせ、その度に天野氏がミウラについての資料分析を書き送ってくださった、それが一気に解決したのが、大関チカ子の一文「葉書の代も会社で渡さないのだ」の発見だった。

第二に、二〇〇九年八月、私は娘を助手にしてトラジャ取材にいった。彼女を助手にしたのは、ミウラがトラジャに家族を連れていったように、娘を連れていくことによって、ミウラの心情を共有したかったからである。しかしバルップ珈琲園への山道は、あまりにきびしくおどろいた。雇ったドライバーが途中、もうこの車ではこの先は行けない、と音を吐くほどの山道だったのである。それを一九二八（昭和三）年に、ミウラは家族を連れて行ったのだからすさまじいといわざるをえない。

第三に平良がいうミウラ生存説である。ミウラの死は多くの人が見ているのでそれはないと思うが、平良はミウラとともに戦った意識が強いのではないだろうか、つまり彼や勇猛果敢に独立戦争を戦った兵士たちの心の中に、ミウラが生きていたということである。

第四が「三浦翁を偲ぶ会」の芳名簿に見つけた坂本益雄の名である。彼がミウラとともに南洋商会と袂を別ち、その後何をしたのかも興味のあるところである。

そして「三浦日記」の中に見つけた東印度日報の吉住留五郎の名である。吉住もまた祖国日本が行った背信行為をミウラ同様に「裏切られた」と感じていた一人だった。彼は独立戦争中病に倒れ三七歳の若さで亡くなったが、彼が残した書『インドネシア独立戦争の戦略戦術』は独立戦争に生かされ評価が高い。つまり歩兵操典のインドネシア語訳の作成である。また彼の盟友で独立戦争に関与し日本人部隊を率いた市来竜夫も、ミウラや吉住のように日本に義憤を感じていた一人だったが、おしくも東ジャワの戦いで戦死している。市来の最期については、今も東部ジャワ・バトウに住む小野盛（九三才）が詳しい。小野も又、独立戦争を市来たちと戦った一人である。

私の興味は、ミウラと吉住が何を話したのだろうかということである。父のような年齢のミウラは、おそらく、熱く、熱く、熱く、インドネシアの独立を語ったにちがいない。あるいは示唆、教示したとも考えられる。そうなると日本人の独立戦争への関与が大幅に膨らんでいくのである。

またミウラがバリ島で三浦商店を開いていた時代のバリは、海外の影響も少なく独自の文化を創造したもっともよき時代だったと思われる。その時代の写真を見つけようとバリやスラバヤの古物商などをたずねたが、なかなか見つけることはできなかった。そんなとき一九三五年に英国で百冊のみ印刷された佐竹輝信氏の『SUMATRA JAVA BARI』を元ジャカルタ総領事館領事の加藤寛二氏から提供された。加藤氏の遠縁にあたるという佐竹氏の写真は、インドネシアのよき時代を実写していたのである。

佐竹氏は東部ジャワのトサリ高原で雑貨商、写真店を開業し日本にもどったあと、こんなことを書いている。

「時に注ぐ沛然たる白雨、常に輝く燦燦たる陽光　椰子や、叢竹や、溶樹や、碧空に積雲を突き囀禽は朝を忘れず、鳴虫は周年野に楽しむ」

まさにミウラが愛したバリ島の風景そのものであり、佐竹は文中で写真集が後々有用されることを望んでいる。

フィールドワークや資料から見つけた発見や驚きはかぎりがない、長い間、ミウラの人生と格闘し挫折しそうになっとき、勇気づけたのはこの種の発見である。


本書を書くにあたり、三浦襄の家族や生き様については、ミウラの家族、とりわけ四女の栄子さんのご主人天野安彦氏に大変お世話になった。天野氏には仙台の案内、資料探し、考察までしていただいた。その都度の貴重なアドバイスを手紙やメールで何度もいただいた。三浦襄の関係資料の多くは同志社大学の原誠教授からいただき、ミウラのキリスト教観へのお教えもいただいた。ミウラの父親像や家族のことなどのお話をいただいたのは、仙台にお住みの道子さん、久子さん、栄子さんなどのご遺族の方々である。キリスト教関係のことについては友人のクリスチャンである森信幸氏に指導をしていただいた。またバリ会の鶴田秀起氏にもお世話になった。インドネシアの特殊な慣習や用語についてはインドネシア協会や関係者の方々にお世話になった。

また執筆の段階でアドバイスをいただいた講談社の中満和夫氏、社会評論社の板垣誠一郎氏、燦葉出版社の白井隆之氏、そして出版にご協力をいただいた関係者の皆様に心より感謝申し上げます。

また本文中のミウラの手紙などは、なるべく原文を尊重いたしましたが、読みづらい箇所については筆者が若干手を加えましたのでご理解いただけると幸いです。

読者の皆さんどうだろうか、今年のバリ島の旅は一歩踏み出しミウラを訪ねては、きっと心が満たされ、涙がほほにつたわるにちがいない。携行する本は、コバルビアスの『バリ島』、観光案内書、そして『ババ・バリ』である。

二〇一一年九月七日　　スラババヤにて

長　洋弘

三浦襄の家族と（1998年）。左より栄子、筆者、道子、久子。

取材当時の雄勝町。

追悼

私がこの原稿を編集者に渡し、仕事の関係でインドネシア・スラバヤに赴任した次の日（二〇一一年三月一一日）、東日本大震災が東北地方を襲った。

仙台にお住みの遺族は無事であったが、ミウラが一時帰国のときに子どもたちと遊んだ雄勝町は大きな被害を受け、それとともにミウラの思い出の地は一瞬のうちに消失した。

私が取材で訪れた山下寿郎の家も高みにありながらも被害を免れず、今は宮城県北東部の桃生町の友人宅に身を寄せている。そして久子や栄子と遊んだ海沿いにお住みのイネは家ごと流され犠牲となった。

震災後、私は外地にいながら多くのことを考えていた。その一つが三浦襄の生き方が被害を受けた多くの方々に力を与えるのではないかということだった。

人を愛し、人のために死んだ日本人がいたこと、ミウラが仙台の出身であったこと、そのことが今回の震災で被害に遭われた人々に力を与えるような気がしたのである。ましてや震災後の日本人のボランティアの姿は、まさにミウラそのもののように思えるのである。

この未曾有の震災で亡くなった多くの方々のご冥福をお祈りいたします。

長 洋弘

＊参考文献・引用文献

『アジアに生きる大東亜戦争』 ASEANセンター編 展転社 1989
『ある晴れた日に』 高見順 河出書房 1941
『インドネシア 地球の歩き方』 ダイヤモンド・ビッグ社 1999、2007、2009
『インドネシア現代史』 増田与 中央公論社 1971
『インドネシア残留元日本兵を訪ねて』 長洋弘 社会評論社 2007
『インドネシア専科』 大槻重之 1991
『インドネシア歴史と現在』 ジョン・D・レッグ[他] サイマル出版会 1984
『ジャガタラ閑話』(増補改訂版) ジャガタラ友の会 ジャガタラ友の会 1978
『ジャワ終戦処理記』 宮元静雄 ジャワ終戦処理記刊行会 1973
『なつかし仙台2』 仙台市市民文化事業団仙台市歴史民俗資料館 仙台市教育委員会 2006
『バリ会会報三号』 1952
『バリ島』 永渕康之 講談社(講談社現代新書) 1998
『バリ島の思い出 ヒンズーの神々 バリ島通過儀礼 ラマヤナ』 藤岡保夫 非売品 1952
『バリ島百科』 大槻重之 関西電力購買(燃料)室 1993
『ミエさんの戦争』 長洋弘 草の根出版会(母と子でみる45) 1999
『塩竈キリスト教会機関誌「更生」』134、135、345、525、526号 1959
『火の海の墓標』 後藤乾一 時事通信社 1977
『帰らなかった日本兵』 長洋弘 朝日新聞社 1994
『孤島の土となるとも』 岩川隆 講談社 1995
『攻略!ジャワ・スラバヤ』 棟田博 学習研究社 1972
『皇軍兵士の日常生活』 一ノ瀬俊也 講談社(講談社現代新書) 1982
『三浦襄の思い出』 私家版 原シズ 1976
「三浦襄の召天50年を記念する会パンフ」 1995
『三浦襄日記』 三浦襄 1942.1.～1944.12.
『三浦襄日記(解読版)』 産経新聞 松村和男
『七月十日は灰の町』 石澤友隆 河北新報出版センター 2008
『終戦直後』 三根生久大 光文社(カッパ・ブックス) 1974
『昭和期日本とインドネシア』 後藤乾一 勁草書房 1986
『植村正久の福音理解』 藤田治芽 新教出版社 1981
『新約聖書』 日本聖書協会 1984
『戦う文化部隊』 町田敬二 原書房(原書房100冊選書11) 1967
『終戦五十年の秘話』 磯村英一 明石書店 1995
『戦争とインドネシア残留日本兵』 長洋弘 草の根出版会(母と子でみる38) 1997
『戦争と庶民の暮らし』 仙台市歴史民族資料館 仙台市教育委員会 2008
『知っておきたい戦争の歴史』 百瀬侑子 つくばね舎 2003
『中学総合歴史』 正進社編集部 正進社 2001
『日本の「南進」と東南アジア』 矢野暢 日本経済新聞社 1975
「日本人キリスト者三浦襄の「南方関与」」(『東南アジア研究』16巻1号所収) 原誠

京都大学東南アジア研究所　1978
『敗戦まで』　木々康子　はまの出版　1999
『稗方典彦資料』　1963
『忘れえぬ人々』　オール読物　戸川幸夫　1955
『北一輝論』　松本健一　講談社（講談社学術文庫）　1996
『蘭印の印象』　高見順　改造社　1941
『写真で綴る蘭印生活半世紀』　ジャガタラ友の会編　ジャガタラ友の会　1987
『LAGU LAGU DARI INDONESIA』　ラグラグ会　1983
『日本軍政とインドネシア独立』　ジョージ・S・カナヘレ他　鳳出版（早稲田大学社会科学研究所翻訳選書）　1977
『わが革命の再発見』　スカルノ（岡倉古志郎訳）　理論社　1962
『スカルノ自伝』　黒田春海訳　角川書店　1969
『バリ防衛義勇軍の編成（原稿資料）』　土屋競
『ALBUM　PERANG　KEMERDEKAAN』　1983
『足跡』　プラムディヤ・アナンタ・トゥール（押川典昭訳）　めこん（プラムディヤ選集6）　1998
『インドネシア民族意識の形成』　永積昭　東京大学出版会（歴史学選書）　1980
「堤林数衛の精神的「回心」」（『東南アジア研究』15巻3号所収）　矢野暢　京都大学東南アジア研究所　1977
『岸農園に関する情報』　PY TOARCO JAYA　2004
『仙台ホサナ教会会報』　1929
『九十九教会会報』　1968
『大東亜戦争その後』　名越二荒之助　展転社　2000
『SUMATRA JAVA BALI』　K.T.SATAKE　1935

＊協力
土田道子　斉藤久子　天野安彦　天野栄子　稗方典彦　原誠　渡辺泰造　塩尻孝二郎
鈴木栄一　和久井久之　鶴田秀起　恵子・マジット　草野靖夫　森信幸　米田俊二
石井日出雄　白井隆之　大山雅義　山下壽郎　畠山正嗣　中満和夫　板垣誠一郎
加藤寛二　小林繁之　平良定三　小野盛　グデ・グリア　マデ・ダマ　プテュ・ダマ
スダミ・ウイジャクスマ　ワヤン・アキラ　ミヤケ・イサオ　ササキ・トオル

インドネシア協会　在インドネシア日本大使館　バリ日本総領事館　バリ会
日本アセアンセンター　ガルーダインドネシア航空　キーコーヒー
両津郷土博物館　新潟日報社　仙台市戦災復興記念館　じゃかるた新聞

＊英訳　チヨノ・エバンス　トレバー・エバンス

＊助手　長ゆき乃　長はぎ乃

BAPA BALI

A story of Jo Miura who lived in love of gods

YOHIRO CHO

Introduction

This book *BAPA BALI* is the story of a Japanese man who devoted the latter part of his life to helping the people of Bali with their independence from the Netherlands. He took his own life on September 7th 1945 in the isolated southern island, Bali.
BAPA is an honorific title meaning"father"in Indonesia.

Bali, known as the island of gods or arts, has a variety of unique festivals throughout the year and also is known as one of the popular resort islands in the world. These early images emerged from the book *Island of Bali* written by the Mexican painter, Miguel Covarrubias in 1937. The first folk book written in English became the best seller in the U.S. And some of the illustrations were introduced in a *Life* magazine issued in the same year, which also sparked the Bali boom. For many years, Bali has attracted many tourists from all over the world. Lately international conferences are held in Bali. Also, many celebrities such as Charles Chaplin have visited the island.
In 1602, Dutch East India Trading expanded their business to Java and that is when the colonization by the Netherlands had begun. However, Bali was colonized much later in 1906, which is after the kingdom of Bali was defeated by the Netherlands. The honorable devotion of the soldiers during the battle refusing to surrender, known as *Puputan*, was similar to *Bushido* (the sprit of the samurai).
The question is why do I bring up unknown Jo Miura today to the world where memories of The Pacific War have begun to fade?
Miura left Japan for Java and after experiencing hardships during the Russo-Japanese War and WWI he finally made it to Bali. He opened his own shop *The store Miura* in Bali and lived his life while establishing a relationship with the local people. Shortly after the Pacific War spread to Bali, he had no choice but to return to Bali as a civilian guide with the Japanese navy. Since that day, BAPA BALI's suffering and most difficult days had begun.
Back in 1982, I first met Miura at his graveyard surrounded by greenery in the city of Denpasar, Bali. The front of the gravestone, covered with roots of the Indian laurel as if guarding his grave, had the engraving of "MIURA MENINGAL 七，九．二六〇五．"
This means he died on September 7th, 1945 in the Christian Era, which is 23 days after

Japan lost WWII.
What happened to Miura after retuning to Bali? Why he was loved and respected by the local people as BAPA BALI even decades passed after the war? This book is the answer to those questions.
He was not a politician or a philosopher that moved the world. He was born Christian as the son of a pastor. The more I learned of his days in Bali filled with love, the more I was amazed by his dedication. I strongly feel that he was the genuine Christian who embodied the will of god.

The beginning: An old man on a ship

There was a man with gray hair looking at the ocean on the deck of the Japanese transport vessel Sasago maru. He stood out among young soldiers. Jo Miura, is the main character of this story.

Chapter 1: The Bali Landing Operation

In February 1942, the previous year the Japanese navy attacked Pearl Harbor on the morning of December 8th 1941, Miura was headed to Bali as a civilian guide working for the Japanese navy during the battle of the invasion of Bali.
"Finally, tonight is the night of landing in Bali. I recall that I was a little nervous."(a quote from his diary)
After reuniting with his old acquaintances, years of his hardships had begun.

Chapter 2: His childhood

His character as a Christian, who was born as the son of a pastor and raised in poverty, was formed during his school age/young adulthood. During this time period, Japan opened up the country and experienced the First Sino-Japanese War and the Russo-Japanese War. Miura decided to relocate to Indonesia. At the same time, expansion to Southeast Asia and the Pacific Islands following"Nanshin-ron" the Southern Expansion Doctrine, for economic and territorial means was greatly supported in Japan.

Chapter 3: The Southern Expansion, failure and paradise in the southern sea

Japan's "Southern Expansion"began after they gained the South Pacific Mandate as a result of the victory in WWI. The"Southern Expansion"is referred to as a national policy with government support and differentiated from individual civilians moving, such as Miura's case. He was invited by his Christian acquaintance and headed to the Dutch East Indies (now Indonesia). Followed by the tragedies of the loss of his family and acquaintances, he ended up going to Bali.

Chapter 4: Miura and his family after landing in Bali

Back to Chapter 1. The Japanese military invaded the Dutch East Indies and took control of power. Miura began to distress himself over the relationship between the people of the island and the Japanese military. His connection in the Japanese military gave the people hope, however it was impossible to listen to the problems of 1.3 million all by himself. In 1944, Miura returned to Japan to travel on what would be the last journey with his children. The places where they visited were wiped out during the 2011 Tohoku earthquake and tsunami.

Chapter 5: A grain of wheat

His friend Yasuo Fujioka recalled,"Mr.Miura was determined. I had a doubt of his determination, but on other the hand I apologized for my weak mind. I was deeply confused."

What was awaiting Miura after retuning to Bali was a strange destiny of death for Bali.

Chapter 6: Dies in Bali

At 6 a.m on September 7th 1945, a gun roared in the clear sky in Bali. Miura took his own life. This day was supposed to be the day that Japan would give Indonesia an approval on their independence. Both of the red and white, Japanese and Indonesian national flags hanging by his hut were shining in deep red. The funeral procession exceeded the thousands expressing sorrow of his death.

Chapter 7: Miura's family in Sendai, Japan

In February of 1946, there was a barrack station with the sign of"SENDAI STATION," instead of the station which was burned during the war. Winter winds wound clouds of sand over the station. People called it"Sendai desert." Two girls were waiting for their father's return in the cold wind. And a man visited to Miura's family to notify of his death.

The last chapter: Jo Miura's soul surviving beyond the war

After Miura's death, the Indonesian War of Independence had begun in 1945. "Miura lived within the minds of the independence soldiers and the people of Bali"stated by Teizo Taira who was the only Japanese soldier that stayed in Bali after the Indonesian War of Independence.

Yet now, Miura lives in the people's heart and floral tributes to his grave never stops.

著者略歴

長 洋弘（ちょう　ようひろ）

1947年　埼玉県に生まれる
1968年　谷川岳の山岳ガイド高波吾策に師事
1970年～79年　スキー、子どもの写真展を各地で開催
1979年　国際児童年記念写真展大賞受賞　各地で同展開催
1982年～85年　インドネシア・ジャカルタに滞在
1991年～94年　サウジアラビア・ジェッダに滞在
1995年　「帰らなかった日本兵」で林忠彦賞受賞　各地で同展開催
2003年　「こーらんの国から」で土門拳文化奨励賞受賞　各地で同展開催
2006年　平成18年度社会貢献者表彰受賞
2008年～09年　日本・インドネシア国交樹立50周年記念写真展『インドネシア賛歌』開催
2011年～　インドネシア・スラバヤに滞在

著書に『帰らなかった日本兵』（朝日新聞社）、『海外日本人学校』『二つの祖国に生きる』（草の根出版会）、『遥かなるインドネシア』『ぱんちょろ　よーちゃん』（燦葉出版社）、『インドネシア残留元日本兵を訪ねて』『冒険に生きる』（社会評論社）などがある

ババ・バリ三《み》浦《うら》襄《じょう》

バリ島を訪れる日本人のための物語

2011年9月20日　初版第1刷発行

著　者　長　洋弘
発行者　松田健二
発行所　株式会社　社会評論社
〒113-0033
東京都文京区本郷2-3-10
電話　03（3814）3861
FAX　03（3818）2808
http://www.shahyo.com

印刷製本　倉敷印刷株式会社